U0125035

双语经典

假如给我三天光明

〔美国〕海伦·凯勒 著

唐湘 译

译林出版社

目　录

第一部分　我的生平

第一章

我怀着忐忑之心动笔写自己的生平。一直以来，我都犹疑着不敢揭开笼罩在我童年时光上的那层如金色迷雾般的帷幕。撰写自传本就不易。加之童年久远，抚今追昔，当我试图梳理那时的记忆，发现已然分不清真实与想象。女性常借助想象描绘儿时的经历。一些我生命最初的岁月的零星回忆依然鲜活地闪现；但"余下的片段却是如同牢房里的阴影"。而且许多童年的悲喜已失其真味；许多童年教育中要紧的事件也已被淡忘在伟大发现的欣喜中。因此，为免冗长乏味，我只拣些最有趣、最重要的片段，简单说给你们听听。

1880 年 6 月 27 日，我出生于美国亚拉巴马州北部一个名叫塔斯坎比亚的小镇。

我的曾祖父卡斯珀·凯勒原是瑞士人，后来移居美国的马里兰州。无巧不成书——我的瑞士先祖里竟然有一人是苏黎世的首位聋哑老师，还就聋哑人教育写了本书。虽说国王的祖先中一定有奴隶，而奴隶的祖先中也一定有国王，但这真是造化弄人。

我的祖父，也就是卡斯珀·凯勒之子，买下了亚拉巴马州的大片土地，并定居下来。据说，他每年都要骑马从塔斯坎比亚前往费城购买农耕之所需，而我的姑姑就保留了许多他当时写的家信，信里栩栩如生地描述了他沿途之所见，读来非常有趣。

　　我的祖母凯勒是在独立战争中立下赫赫战功的拉法耶特将军的副官亚历山大·摩尔的女儿，还是早期弗吉尼亚州殖民总督亚历山大·斯波茨伍德的孙女。她也是独立战争南方将领罗伯特·李将军的远房表姐。

　　我的父亲亚瑟·H.凯勒是南方邦联军的上尉；我的母亲凯特·亚当斯是我父亲的第二任妻子，年龄比我父亲小了许多。我母亲的祖父是本杰明·亚当斯，他娶了我的曾外祖母苏珊娜·E.古德休后，在马萨诸塞州的纽伯里住了许多年。他们的儿子查尔斯·亚当斯出生于马萨诸塞州的纽伯里波特，后来搬到了阿肯色州的海伦娜。内战爆发后，他为南方而战，成为一名陆军准将。他娶了露西·海伦·埃弗雷特，她与爱德华·埃弗雷特和爱德华·埃弗雷特·黑尔同宗。战后，一家人迁往田纳西州的孟菲斯。

　　在我因病失去视力和听力前，一家人住在一栋小房子里，总共只有一个正方形的大房间和一个仆人间。那时候，依南方人的习惯，会在自己的房子旁加盖一个小屋子，以备不时之需。内战后，我父亲也盖了这么一个小屋子，他同我母亲一结婚就住了进去。从花园看去，爬满了葡萄藤、爬藤玫瑰和忍冬的小屋就像一座凉亭，掩映着小门廊的一排黄玫瑰和南方菝葜花丛，是蜂鸟和蜜蜂最爱流连的地方。

凯勒家族的老宅离我们这个小小的玫瑰凉亭不过几步之遥，因为房子、周围的树木和篱笆都覆满了漂亮的英格兰常春藤，故而得名"常春藤绿野"。那里的老式花园是我童年的天堂。

在我的家庭老师到来之前，我常独自摸索着坚硬的黄杨木方形篱笆，凭着嗅觉的指引，找到初开的紫罗兰和百合花。心情不好时我也会到花园里，把发烫的脸颊埋入沁凉的树叶和草丛中寻求慰藉。陶醉于满园鲜花，徜徉于处处美景，是何等的心旷神怡。有时突然触到一条优美的葡萄藤，会将我的思绪打断。抚摸着叶和花我便能认出，它正是攀附在花园尽头那座破败的消暑小屋上的藤蔓！这里还有蔓生的铁线莲，低垂的茉莉花，以及一种罕见而又甜美的蝴蝶百合，因为它那娇嫩的花瓣像极了蝴蝶的翅膀。但最美的还是玫瑰。在北方的花房里，我从未见过南方家里这种让人心生喜爱的爬藤玫瑰。它们一长串一长串地从门廊垂下，空气中充盈着丝毫不染尘土气息的花香；每当清晨，它们身披朝露，摸上去是何等柔软，何等纯洁。我不由得想，上帝花园里的常春花也许就是这般模样吧。

我的生命之初与每个小生命的诞生一样普通。我降生，睁眼，看见了这世界，和每个家庭迎接的第一个孩子没什么不同。为了给我起名字，少不得有一番讨论，大家都说第一个孩子的名字轻率不得。父亲希望以他最尊敬的先祖为我命名，唤我作米尔德里德·坎贝尔，对其余名字一概不作他想。母亲则想用我外祖母的闺名海伦·埃弗雷特。可惜在去教堂的途中，兴奋过度的父亲竟忘了他要起的名字，这也难怪，谁让他当时拒绝参与给我起名字的讨论。所以当牧师问起的时候，他只记得要用我外祖母的名字，还记成了海伦·亚当斯。

据说，我尚在襁褓中时就对外界充满好奇，且脾气倔强，看见别人做什么都要学。六个月大时，我就能牙牙学语地说出"你哈（你好）"。有一天，我明明白白地说出了"茶，茶，茶"，吸引了所有人的注意。即使在我病后，我依然记得不到一岁时学会的一个词，"水"。在我完全丧失说话能力后，我一直试图发出这个音来。直到我学会了拼写这个词，我才停止发出"刷、刷"这样不完整的音节。

家人告诉我，我周岁那天学会了走路。母亲把我从浴盆中抱起来放在腿上，突然，我被光洁的地板上闪烁舞动的叶影所吸引，从母亲的腿上滑下来，向着那影子奔去。激动的劲儿一过，我一屁股坐在地上，哭着等母亲将我搂进怀里。

然而，好景不长。回荡着知更鸟和嘲鸫悦耳歌声的短暂春天，硕果累累、玫瑰盛开的夏天，草黄叶红的秋天，转眼即逝，只在一个欢快而恳切的孩童脚边留下了礼物。在次年沉郁的二月里，一场大病夺去了我的视力和听力，将我推入新生儿般无知无识的蒙昧之中。医生们的诊断是胃部和大脑急性充血，他们觉得我没救了。可是一天清早，我的烧居然退了，就像之前突然莫名其妙烧起来一样。那个早上全家人都高兴坏了，但包括医生在内，没有一个人知道我从此再也看不见，听不见了。

至今，我仍依稀记得病中的一些情形，尤其是在我醒来烦躁不安、痛苦难耐时母亲温柔的抚慰。我还记得自己从辗转反侧半睡中醒来时的痛苦和困惑，我干涩灼热的双眼只能避开曾经喜爱的光明转向墙壁。可就是这光明于我也一日比一日黯淡下去了。但除了这些稍纵即逝的记忆——如果它们真的是记忆的话——所有的一切看起来都那么的不真实，犹如一场噩梦。我逐渐习惯了被寂静与黑暗包围，忘了曾经的世界，直至她——我的老师——到来，她注定要让我的灵魂重获自由。可是，在生命的头十九个月里我短暂拥有过的广袤绿野、明澈天空和花草树木，是无法叫后来的黑暗全然遮蔽的。只要看到过，"那一天，连同那一天的一切，永驻我心"。

第二章

　　生病后最初几个月的事，我几乎都记不起来了，只隐约记得坐在母亲的膝头，或是紧拉着忙里忙外的母亲的裙摆。我用双手感知每一件物体，每一个动作，学了很多东西。很快，我觉得有必要与别人交流，于是开始进行一些简单的比画。摇头表示"不"，点头表示"是"，招手是"来"，推手是"去"。我想吃面包吗？是的话便要模仿切面包、抹黄油的动作。如果想要母亲晚餐做冰激凌，我就做出打开冰箱冷得发抖的样子。而且，母亲也尽力做到让我领会她的意思。我总能明白她想让我去取什么，然后我就会跑上楼或到别处帮她拿来。是真的，母亲充满爱的智慧为我漫长的黑夜带来了光明。

　　对生活上的事我懂得越来越多。五岁时，我学会把洗衣房送回的干净衣服叠好收起来，并能分拣出自己的衣物。母亲和姑姑一梳妆打扮，我就知道她们要出去，便总是央求她们带上我。亲戚朋友来串门，家人总让我出来打招呼。客人走的时候，我会挥手告别，我还依稀记得这种手势所表示的意思。有一天，几位绅士来拜访母亲，从前门的开合和其他动静中我感觉到了他们的到来。我突然有了一个念头，趁着家人不备，跑上楼去换了身会客的裙子。我又学着别人的样子站在镜子前，抹上发油，脸上搽了一层厚厚的粉。然后，我用发夹把面纱固定在头发上，垂下的面纱长及肩部，遮住了脸。最后我往自己的小腰上绑了个硕大的裙撑，它在身后摇摇晃晃，差点从裙摆下露出来。如此盛装打扮一番，我才下楼帮忙招呼客人。

我已经记不清从什么时候开始发现自己和别人不一样，但我知道是在老师到来之前。我意识到母亲和我的朋友们交谈时用嘴，而不像我用手比画。有时，我站在两个谈话者之间，用手触摸他们的嘴唇，可仍然无法明白他们的意思，我烦恼极了。于是我拼命嚅动嘴唇，打着手势，结果无济于事。这让我有时气极败坏，大发脾气，又踢又叫，直到筋疲力尽为止。

我明白这是无理取闹，因为我知道自己踢伤了保姆埃拉。当我气消时，心里就觉得很愧疚。但是每当事情又不顺心时，愧疚还是无法阻挡我再次乱发脾气。

那些日子里，我有两个朝夕相处的伙伴。一个是厨师的女儿，黑人小姑娘玛莎·华盛顿。还有一个是只名为贝尔的老猎犬，年轻时它可是个捕猎能手呢。玛莎·华盛顿能明白我的手势，所以每次吩咐她做事我都没费什么劲。能对她颐指气使让我感到愉悦，她却从来不冒险跟我正面冲突，总是屈服于我的暴政。我身体结实，活泼好动，做事不管不顾。我很有主见，总是喜欢我行我素，即使要拼个你死我活也在所不惜。我和玛莎在厨房度过了不少时光，揉面团，做冰激凌，磨咖啡，争执用哪个蛋糕碗，给挤满厨房台阶的母鸡和火鸡喂食。这些小东西都很乖，它们从我手中啄食，还肯让我抚摸。有一回，一只雄火鸡一口啄走我手里的番茄，逃之夭夭。也许是受了这只火鸡高手的启发，我和玛莎偷了厨师刚撒上糖霜的一块蛋糕，躲在柴堆边吃了个一干二净。不料却吃坏了肚子，不知那只火鸡是否也遭到了同样的报应。

珍珠鸡喜欢在偏僻隐蔽处筑巢，我最喜欢的事就是跑到深深的草丛里寻找它们的蛋。我虽然不能对玛莎·华盛顿说"我要去找蛋"，但我会把两手拢起来，放在地上，示意草丛里有种圆圆的东西，玛莎一看就懂。若是运气好找到了鸡窝，我绝不让玛莎拿着蛋回家，我用手势坚定地告诉她，她可能会摔碎我的蛋。

玉米仓、马厩和早晚给牛挤奶的院子，都给了我和玛莎无穷的快乐。挤奶工挤奶的时候，他们允许我把手放在牛的身上，我也因为好奇乱摸被牛尾巴抽了好几次。

准备圣诞节对我来说是一大乐事。虽然我不明白其中的含义，但我喜欢那满屋的香气，还有为了让玛莎·华盛顿和我安静片刻而赏给我们的小零嘴。被这么打发让我们有点不爽，但那一点儿也不影响我们的快乐。大人们会让我们帮着研磨香料，挑拣葡萄干，再舔舔搅拌过食物的汤匙。我学着别人挂起长筒袜，可我不记得自己对这个仪式有多感兴趣，我也没有因为好奇等不及天亮就爬起来找礼物。

玛莎·华盛顿和我一样，也喜欢搞恶作剧。七月一个炎热的午后，两个小孩坐在门廊的台阶上。一个孩子肤色黑如乌木，顶着一撮撮用鞋带扎起的毛茸茸的小发髻，看起来就像长了一头的螺丝锥。另一个孩子皮肤白皙，披着一头长长的金色鬈发。一个孩子六岁，另一个两三岁。年纪小的那个孩子双目失明——那就是我，另一个是玛莎·华盛顿。我们一直忙着剪纸娃娃，但是很快就厌倦了这个玩法。于是我们先是剪烂了自己的鞋带，又把台阶边上够得着的忍冬叶子剪了个精光，然后我盯上了玛莎的小发髻。她先是抵抗，不肯让我剪，不过最终还是屈服了。公平起见，她也拿起了剪刀，剪下了我的一个发卷。要不是母亲及时出现，我的头发可能就要被她剪光了。

老狗贝尔是我的另一个玩伴。她可真懒，宁可趴在壁炉旁呼呼大睡，也不肯陪我玩。我费了好大力气教她我的各种手势，她却无精打采、漫不经心。有时，她会猛地一激灵，兴奋得浑身颤抖，接着又变得纹丝不动，就像猎犬瞄准小鸟的位置时一样。当时我并不明白她为什么突然这样，只知道她没有听从我的指挥。我气坏了，对着贝尔一通拳打脚踢。贝尔只是爬起来，伸个懒腰，轻蔑地呼哧两声，走到壁炉的另一侧又躺下了。这么一番折腾下来，疲惫的我对贝尔失望得很，转而去寻玛莎了。

童年的许多小事永远留在了记忆中，虽然零零碎碎的，却清晰而鲜明，使得那段静谧无声、漫无目的、不知今夕何夕的岁月有了烟火的气息。

有一天，我不小心把水溅到了围裙上，便把围裙铺在还隐隐有余火的客厅壁炉前烘干。可是我嫌围裙干得不够快，就往前凑近了些，把围裙直接搁在了火热的炭灰上。火舌一下子蹿起来，火苗包围了我，一瞬间我的衣服就烧着了。我惊恐地大叫，老保姆维妮冲过来救我。她用一条毯子把我裹住，差点把我闷死，但火倒是灭了。除了双手和头发被火燎到，我并无大碍。

大约就在这个时期，我发现了钥匙的用处。一天早上，我把母亲锁在了食品储藏室。因为仆人们都在主屋旁的仆人间，母亲只得在储藏室里待了三小时。她不停地敲门，我坐在门廊台阶上，感受着敲击带来的震动，乐得笑开了花。这次淘气的恶作剧让父母决定尽快请人来管教我。我的老师沙利文小姐刚来的时候，我就找了个机会又把她给锁在了房间里。当时，母亲让我上楼给沙利文小姐送东西。但是我刚把东西递给她，就砰的一声关门上锁，然后把钥匙藏在了大厅的橱柜底下，任凭大人百般劝诱，我也不肯说出钥匙的下落。于是父亲被迫搬来梯子，从窗户把沙利文小姐救了出来——可把我高兴坏了。过了几个月，我才把钥匙交出来。

大约在我五岁时，我们从那所爬满藤蔓的屋子搬到了一座新的大房子里。我们一家除父母和我以外，还有两个同父异母的哥哥，后来又有了一个小妹妹米尔德里德。我对父亲最初的清晰记忆，是我穿过一摞摞的纸来到他的身边，发现他独自一人埋首于纸后。我完全不明白他在做什么。于是我学着他的模样也举起一张纸，甚至戴上了他的眼镜，以为这样就能揭开谜底。直到多年后我才明白，那些都是报纸，而父亲就是编辑报纸的人。

父亲宽厚有爱，全心顾家，除了狩猎季，他很少离开我们。听说父亲是个好猎人和神枪手，他对猎狗与猎枪的热爱仅次于对家人的爱。他热情好客几乎到了过分的程度，几乎每次回家都会带来客人。他最引以为豪的就是家中的大花园，据说他种的西瓜和草莓是全县最好的，他给我品尝的是最先成熟的葡萄与精心挑选的浆果。我记得他带着我在树木和藤蔓间穿行时温柔的抚摸，只要我开心他就由衷地快乐。

父亲还是个讲故事的好手。我学会拼写之后，他便常常在我手心里费劲地写出些奇闻趣事。最让他高兴的莫过于让我在适当的时机把这些故事复述出来。

1896 年，我在北方度假，正享受着夏末的美好时光，却惊闻父亲去世的噩耗。他病的时间不长，一阵急性发作之后，永远地离开了我们。这是我第一次感受到巨大的悲恸——也是我对死亡的最初体验。

我该怎样来描述我的母亲呢？她与我相依为命，反而使我无从说起。

有很长一段时间，我都觉得我的小妹妹是一个闯入者。我不再是母亲唯一的宝贝，这种想法让我充满了嫉妒。她常常坐在母亲腿上，那本该是我的宝座，她还占有了母亲所有的关心和时间。有一天发生的事，让我觉得自己受到的伤害更深了。

当时，我有一个名叫南希的洋娃娃，我对她爱不释手，却也总是虐待她。唉，反正我一发起脾气来，她就成了无助的受害者，衣服被我折腾得一塌糊涂。我有许多洋娃娃，有的会说话，有的会哭，有的会眨眼睛，可我还是最爱我可怜的南希。南希有一个摇篮，我常常摇南希，一摇就是一个多小时。我用最专横的关爱，守护着南希和摇篮。可有一次，我居然发现我的小妹妹正安安静静地睡在摇篮里。想到这个我讨厌的小家伙竟如此大胆，我不禁气急败坏，冲上前去一把掀翻了摇篮。要不是母亲及时接住了跌落的妹妹，她可能就要命丧我手了。当我们走在倍加孤独的山谷中时，全然不知充满爱意的话语、行动和陪伴能带来多少温柔的情感。待我懂事之后，我才和米尔德里德心意相通，尽管她看不懂我的手语，我也听不见她的稚嫩童声，但我们可以心满意足地手拉着手，四处玩耍。

第三章

我渐渐长大，也越来越想表达自我。以前的几个手势越来越不够用，每当手语无法表达我的意思时，我总是要大发脾气。我感觉似乎有一双看不见的手紧紧扼住了我，我发疯似的想要摆脱。我挣扎着——并不是因为挣扎有用，而是因为心里有强烈的不甘。我总是情不自禁地流泪，哭到力竭。如果母亲正好在身旁，我就会扑进她怀里，难过到忘记自己为什么发脾气。过了一段时间，我渴望与人交流的欲望越发强烈。每天，甚至有时候是每小时，我都在发脾气。

父亲和母亲忧心如焚却又束手无策。我们住得离聋哑学校很远，似乎也不可能有人愿意到塔斯坎比亚这么偏僻的地方，来给一个既聋又盲的孩子上课。事实上，连亲戚朋友有时都怀疑我能否上得了课。狄更斯的《美国札记》给了母亲一线希望。她读过劳拉·布里奇曼的故事，隐约记得她也是又聋又盲，但是接受了教育。可母亲也记得，发明了聋盲人士教育方法的郝医生已去世多年，这使她的希望变得渺茫。他的方法很有可能已经失传，即便他还有传人，他们又怎么教会一个身处亚拉巴马偏远镇子上的小姑娘呢？

我六岁那年，父亲听说巴尔的摩有一位著名的眼科医生，治愈了好几个看上去毫无希望的病人。我的父母立刻决定带我前往巴尔的摩，寻求能治好我眼睛的方法。

那是一趟愉快的旅程，至今我仍然记忆犹新。我在火车上交了许多朋友。有位女士给了我一盒贝壳，父亲在贝壳上钻孔，好让我用绳子把它们穿起来。很长一段时间里，这些贝壳带给了我许多快乐和满足。列车员也很和善，他在火车上来回检票打孔时，我就拽着他的衣角跟着。他借给我的打孔器真是太好玩了，我猫在座位的一角，乐此不疲地在零碎的卡纸上打孔，玩几个小时也不腻。

姑姑用毛巾给我做了个大布娃娃。这个临时拼凑的娃娃滑稽得很，不仅没有娃娃的形状，连鼻子、嘴巴、耳朵和眼睛也没有——甚至靠孩子的想象力也说不出这张脸是个什么样子。奇怪的是，这娃娃缺什么都行，我就是受不了她没有眼睛。我不厌其烦地缠着每个人指出这个毛病，但是好像谁也没有办法为娃娃安上眼睛。突然，我有了一个好主意，问题迎刃而解。我翻身滑下座位，在座位底下摸索到姑姑缀有大珠子的披肩。我从上面扯下两颗珠子，示意姑姑帮我缝到娃娃的脸上。姑姑拉起我的手放在她的眼睛上以确认我的意思，我一个劲地点头。她把珠子缝在了眼睛的位置，我高兴坏了。但我很快就对娃娃失去了兴趣。整个旅程中我都没有发脾气，因为有那么多东西吸引着我，让我忙个不停。

抵达巴尔的摩后，奇泽姆医生热情地接待了我们，可是他对我的眼睛无能为力。不过，他说我可以接受教育，并建议父亲咨询华盛顿的亚历山大·格雷厄姆·贝尔博士，后者或许能提供聋盲儿童学校和老师的相关信息。听了奇泽姆医生的建议，我们马不停蹄地赶往华盛顿，求见贝尔博士。父亲愁肠满腹，顾虑重重，而我对他的苦恼却一无所知，只觉得人在旅途，好不欢喜。尽管那时我只是个孩子，但初次相见，我便感受到了贝尔博士的温厚与悲悯，他的慈爱让许多人由衷感激，正如他的巨大成就让人钦佩不已一样。他把我抱上膝头，见我玩他的手表，他就让我感受手表报时的振动。他能理解我的手势，我一下子就喜欢上了他。可我做梦也没想到，那次会面为我打开了一扇门，引领我从黑暗走向光明，从孤独走向友谊、陪伴、知识和爱。

贝尔博士建议父亲给波士顿柏金斯学校校长阿纳格诺斯先生写封信，问他能否为我物色一位合适的启蒙老师，因为这所学校正是郝医生为盲人教育孜孜不倦工作的地方。父亲立即照办了。仅仅过了几周，阿纳格诺斯先生的回信就带来了好消息：我的启蒙教师找到了。当时是1886年的夏天，但等沙利文小姐到我们家时，已经是来年的三月了。

就这样，我像摩西一样走出了埃及，站在了西奈山前。一股触及我灵魂的神力给我带来光亮，在我眼前展现出无数奇迹。从圣山之上传来这样的声音："知识是爱，是光明，是远见。"

第四章

　　我的老师安妮·曼斯菲尔德·沙利文小姐来到我身边的那一天，是我生命中最重要的日子。回想这一天所连接的前后截然不同的生活，我不禁感慨万端。我记得那是1887 年的 3 月 3 日，离我七岁生日还有三个月。

　　那个意义重大的下午，我默默地站在门廊上期盼着。我从母亲的手势和家里人忙前忙后的动静中，隐约感到有不同寻常的事要发生，于是我走到门口，在台阶上等候。午后的阳光穿过覆满门廊的忍冬，洒在我扬起的脸上。我的手指无意识地流连在每日相伴的花叶间，它们齐齐探出头来也是为了迎接南方的美好春天吧。我不知未来会有怎样的奇迹或惊喜。愤怒与苦痛已折磨了我数周，我在奋力抗争后只换来深深的倦怠。

　　你可曾有过这样的时刻：在浓雾笼罩的海上航行，浓白的雾霭仿佛要将你一口吞没，一艘大船借着铅锤和测深绳的指引，紧张而焦急地探寻着海岸，而你的心怦怦乱跳，唯恐意外发生？启蒙教育开始前的我，就像那艘船，只是我连罗盘和测深绳也没有，茫然不知港口的远近。"光明！

给我光明！"我的灵魂发出无言的呐喊，就在那一刻，爱的光辉照耀我身。

我感觉有人向我走来，以为那是母亲，我伸出手去。有人握住了我的手，把我紧紧地搂进她的臂弯中。她就是向我展现世间万物，更给我深切关爱的沙利文老师。

第二天早晨，沙利文老师带我走进她的房间，给了我一个布娃娃。后来我才知道，这是柏金斯学校的小盲童们赠送的，劳拉·布里奇曼又为娃娃缝制了衣服。我抱着娃娃玩了一会儿，沙利文小姐在我的手心上慢慢地拼出"娃娃"这个词。我立刻对这种手指游戏产生了兴趣，努力地模仿她。最终拼对这个词的时候，我感到无比自豪，高兴得涨红了脸。我跑下楼，找到母亲，举起手写给她看。当时我并不知道这就是拼写词语，甚至不知道词语为何物；我只是用手指依样画葫芦罢了。接下来的日子里，我在这种懵懵懂懂的游戏中学会了很多词，如"别针""帽子""茶杯"这些名词，还有"坐""站""走"这一类的动词。沙利文老师就这么陪着我玩了好几个星期，我才恍然大悟，原来世间万物都有名称。

有一天，我正在玩一个新娃娃，沙利文小姐把我原来那个破旧的大娃娃也放到我的腿上，然后在我的手心上拼出"娃娃"这个词，试图让我明白这两个都叫"娃娃"。那天早上，我们已经就"杯"和"水"这两个词发生过争执。沙利文小姐努力向我解释，"杯"是杯子，"水"是清水；而我固执地认为"杯"和"水"是一回事。她无计可施，只好暂时搁置这个话题。现在一有机会，她又旧词重提。因为她的反复强调，我很是不耐烦，一把抓过新娃娃，狠狠地砸在了地上。感觉到娃娃在脚下碎裂，我心里真是痛快。一通脾气发泄过后，我既不难过，也不愧疚。我压根儿不爱这娃娃。我所处的世界一片寂静黑暗，毫无柔情可言。我感觉到沙利文小姐把娃娃的碎片扫到壁炉边，我烦闷的心情也随之一扫而光，重新心满意足起来。她给我拿来帽子，我知道可以去户外享受和煦的阳光了。这种想法——如果无言的感受可以被称作想法的话——让我欢欣雀跃不已。

我们沿着小路向水井房走去，被覆盖在水井房上的忍冬花香所吸引。有人正在打水，老师把我的一只手放在了出水口下。当沁凉的井水在手上流过，她在我的另一只手上慢慢地写出"水"这个词，越写越快。我站着一动不动，全神贯注于她手指的划动。刹那间，我感觉到了一种朦胧的意识，像记起了什么遗忘的东西——一种觉醒的战栗；语言的奥秘就这样揭开了它的面纱。我明白了"水"就是正从我手上流过的奇妙而凉爽的东西。这个活生生的词唤醒了我的灵魂，带给了我光明、希望、快乐，还有自由！当然，障碍依然存在，但它们终将被清除。

离开水井房后，我如饥似渴地学习。万物皆有名称，而每个名称都能启发新的想法。当我们回到屋里，我触摸的每一样东西似乎都有了生命的悸动，那是因为我用刚刚赋予我的新奇眼光看待这一切。进门后，我记起那个被我摔碎的娃娃，便摸索着来到壁炉边，拾起了娃娃的碎片。我想把它们拼凑起来，却徒劳无功；意识到自己的所作所为，我眼里噙满了泪水，生平第一次感受到悔恨与伤心。

那天我学会了不少新词，现在已记不清都有哪些词，但我记得其中有"母亲"、"父亲"、"妹妹"和"老师"——这些词让我的世界繁花绽放，"像亚伦之杖开花那样美妙"。不平凡的一天快要结束时，我躺在小床上，回想着那天的欢乐，觉得世上再也找不出比我更幸福的孩子，竟然第一次期待起新的一天的到来。

第五章

灵魂顿悟后的1887年夏天发生的许多事情，至今我仍记忆犹新。我用双手探索，记住触摸到的每一件事物的名称；我接触的东西越多，对它们的名称和用途越是了解，就越是能高兴和自信地感觉到与这个世界的紧密联系。

雏菊和毛茛开花的时节到了，沙利文小姐牵着我的手，穿过准备播种的田野，走向田纳西河的河岸，坐在温暖的草地上，沐浴在大自然的恩泽中，我开始了我的人生第一课。我知道了阳光雨露如何让大地长出树木，它们不仅赏心悦目亦可供人食用；知道了鸟儿如何构筑巢穴，迁徙繁衍；知道了松鼠、鹿和狮子等各种动物如何觅食与栖息。随着我对事物的认知逐渐增长，我越来越感受到世界的美好。在我学会算术和描绘地球的形状之前，沙利文小姐早就教会我在芬芳的树林里、在每一片草叶上、在妹妹小手的起伏曲线中发现美。她将我的启蒙教育与大自然联系在一起，让我感到"鸟儿、花儿和我是快乐的伙伴"。

但这期间的一次经历却让我明白，大自然并不总是那么友善。一天，老师和我散步到了很远的地方才往回走。

早上的天气还不错，后来渐渐升温，最后我们返程时已是闷热难忍。我们在路边的树下休息了两三次，最后一次是在离家不远的一棵野樱桃树下。这棵树枝繁叶茂，极易攀爬，沙利文老师伸手一托，我就轻松地上了树，在枝丫间找了个地方坐下。树上真是凉快舒畅，于是沙利文小姐提议就在这儿吃午餐。我答应她乖乖坐在树上，等她回去把饭拿来。

忽然之间，天色变了。空气中感觉不到太阳的温暖。我知道天色变暗了，因为对我来说意味着光明的所有热量已经从周围消失。泥土里散发出一股怪味，我知道，这是暴风雨来临的前兆，莫名的恐惧攫住了我的心。我感到一种与朋友隔绝、与坚实的大地分离的强烈孤独感。我陷入了一片浩瀚未知之中。我一动不动地等待着，内心充满了惊惧。我祈盼着老师回来，可我更想先从树上下来。

一阵不祥的沉寂过后，树叶哗哗狂响。野樱桃树开始剧烈摇动，要不是我用尽全力抱紧枝干，大风差点就将我刮下来。大树被吹得东倒西歪，折断的小树枝雨点般向我砸来，我被逼得想纵身跳下，但又怕得丝毫不敢动弹。我蜷缩在树的枝杈之间，枝条抽打着我。我不时感觉到断断续续的震动，像是什么重物坠落，冲击波从地面一直传到身下的树干。我惊恐到了极点，正当我以为自己将要和树一起倒下时，沙利文小姐抓住了我的手，把我扶了下来。我紧紧抱住她，双脚再次踏上坚实的大地让我高兴得不住颤抖。我学到了新的一课——大自然"会向她的儿女们开战，在她最温柔的触摸之下隐藏着危险的利爪"。

这次惊险过后很久我都不敢爬树，甚至一想到爬树就心生恐惧。最终是金合欢树盛开时的甜美芬芳让我抵挡不住诱惑，克服了恐惧心理。那是一个春光明媚的早晨，我正独自在凉亭里读书，忽觉空气中暗香浮动。我站起身，本能地伸出双手，那似乎是春之精灵穿亭而来。"这是什么？"我不禁问道，随即我分辨出这是金合欢花的香气。我一路摸索着走到花园尽头，知道那株金合欢树就在小径拐角处的篱笆附近。对，它就在那儿，在温暖的阳光下轻颤着，缀满花朵的枝头几乎要亲吻到地面高高的绿草。这世上难道还有什么比这更精致美好的吗？那些娇嫩的花朵禁不起最轻微的触碰，仿佛是天堂之树移栽到了人间。我穿过花瓣雨来到树干前，犹豫了片刻，然后脚蹬树杈，一使劲就上了树。粗大的树干很难抓牢，粗糙的树皮擦破了我的手，但我很享受这种感觉，因为自己正做着一件妙不可言的非凡之事。我不断地往上爬，越爬越高，找到了一个小小的座位，那是很早以前别人搭在那儿的，已经和大树融为一体。我在上面坐了很久很久，自己好像驾着粉色云朵的仙女一样。从那以后，我常常在我的天堂之树上神游遐想，做与光明有关的美梦，度过了许多快乐时光。

第六章

现在我已经掌握了学习语言的钥匙，便急于运用它。听力正常的孩子掌握语言轻而易举，他们能轻松愉快地理解并模仿别人嘴里说出的话；而失聪的小孩子却要经历漫长而痛苦的磨炼。但无论过程如何艰辛，结果是美好的。我从物品名称学起，由最初结结巴巴的音节，一点点地进步，我们逐渐能够驰骋于辽阔的疆域，最终可以抒发对莎士比亚诗篇的无限遐想。

一开始，当老师告诉我一件新事物时，我很少发问，因为我概念模糊，词汇有限。但随着我对事物的了解不断增加，掌握的词汇越来越多，探寻的领域也随之扩大了。我常常就同一个问题一再追问，想了解得更多。有时一个新词会让我想起留在脑海里的一些早前的经历。

我还记得那个早晨，我第一次向老师问起"爱"这个字。那时我认得的字还不多。我在花园里摘了几朵初绽的紫罗兰送给老师。她高兴得想亲亲我，但在那时我不喜欢除了母亲之外的任何人吻我。于是沙利文小姐温柔地搂着我，在我手心里拼出"我爱海伦"这几个字。

"什么是爱？"我问。

她把我搂得更紧，指着我的心告诉我："爱就在这儿。"我第一次感觉到了心的跳动，但对她的话依然困惑不已，因为当时的我还无法理解摸不着的东西。

我闻着她手里的紫罗兰，半用拼写半用手势地问："爱就是花香吗？"

"不是的。"她答道。

我又想了想。此时温暖的阳光正照耀着我们。

"那这是爱吗？"我边问，边指着温暖产生的方向，"太阳是爱吗？"

在我看来，没有什么能美得过以温暖让万物生长的太阳。但沙利文小姐还是连连摇头，我既困惑又失望。真是奇怪，为什么老师不能告诉我什么是爱呢。

过了一两天，我正在玩珠子，要按两大三小的规律把不同大小的珠子穿起来。可我总是出错，沙利文小姐耐心地反复为我纠正。最后，我发现前面穿好的部分还是出现了明显的错误。于是那一刻我集中思绪，努力想着珠子应该怎么穿起来。沙利文小姐碰碰我的额头，然后一笔一画在我掌心拼出了"想"这个字。

刹那间，我犹如醍醐灌顶，明白了"想"指的就是正在我头脑中发生的这个过程。这是我第一次领悟到一个抽象的概念。

我静静地坐了许久——不是在想搁在腿上的珠子，而是试图用刚刚领悟的方式来解码"爱"的含义。太阳已经躲在乌云后一整天，时不时还下点小雨；可顷刻间云破日出，南方的灿阳光芒四射。

我又一次问老师："爱是阳光吗？"

"爱，像是太阳出来之前天空中的云朵。"老师答道。她意识到这么说也许我无法理解，于是改用更加浅显的词汇继续解释："你虽然没法摸到云朵，但你能感受到雨点，你也知道在经过一整天的烈日暴晒后，花草和干涸的大地得到雨水的滋润时该有多么快乐。爱也是这样，你摸不到它，但你能感受到它注入万物中的甜蜜。没有爱，你就不会开心，连玩也提不起兴致了。"

美好的爱的真理刹那闪现——我感觉到有一丝丝看不见的细线正穿梭在我和其他人的心间。

从教育我的第一天开始，沙利文小姐就坚持像对待听力正常的孩子一样跟我说话；唯一不同的是，她把每一句话逐字地拼在我的手心，而不是简单地口头说出来。如果我找不到合适的字词或习语表达想法，她会帮助我；我在交流中接不上别人的话时，她也会从旁提示。

这一过程持续了好几年，因为一个听不见的孩子无法在一个月甚至两三年的时间里，掌握最简单但又多不胜数的日常生活用语。正常的孩子通过不断的重复和模仿学会说话。在家里听到大人说话，使他开动大脑，发掘话题，即刻引出自我想法的表达。但这一思想交流的自然过程对于失聪的孩子却是可望而不可即的。我的老师意识到了这一点，决心弥补我的不足。她尽可能地把她听到的话一字不差地复述给我，并教我如何与人交谈。但过了很长一段时间，我才敢主动和别人说话，而学会在什么场合说什么话则耗时更久。

聋人和盲人要想掌握对话的技巧已是困难重重。而对于既聋且盲的人来说，摆在他们面前的困难不知道大了多少啊！一方面，他们听不见，无法辨别说话者的语调，领会不了语音的抑扬顿挫所赋予词汇的微妙意义；另一方面，他们也看不见说话者的面部表情，而神色恰恰是其心灵的映照。

第七章

我的教育中第二个重要的步骤，是学习阅读。

我刚能拼写几个单词，沙利文老师就给了我一些卡片，上面用凸出的字母印着单词。很快我就知道每个凸出的单词都代表一个物体、一个动作或一个特征。我有一个小框子，在里面可以把单词卡排成一些简单的句子；但是在此之前，我往往先用实物造句。比如，我先找到代表着"娃娃""是""在上面""床"这几个意思的单词卡，然后把有实物的卡片放到对应的实物上。接着，我把娃娃放到床上，将"是""在上面""床"的单词卡摆在娃娃旁边。这样，我既造出了由词语组成的句子，同时又用实物本身形象地传达了句子的内容。

一天，沙利文小姐让我把"女孩"这张单词卡别在围裙上，站到衣橱里。然后我在架子上排列"是""里边""衣橱"这几张卡片。没有什么比这个游戏更让我喜欢的了，我和老师一玩就是几个小时。房间里的每件东西都被我们造进了带实物的句子里。

从识字卡片到识字书本，只有一步之遥。不久，我就捧起了"启蒙读物"，在其中找寻那些我认得的词，一旦找到了，就像赢得了一场捉迷藏游戏一样高兴。就这样，我开始了阅读之旅。我是如何开始阅读连贯的故事的，以后会告诉你。

有很长一段时间，我没有正规的课程。即便我非常投入地学习，看起来也是玩多过于学。无论教我什么，沙利文小姐总是用动人的故事或诗篇加以解释。无论何时，只要碰到令我高兴或感兴趣的事，她就会与我交流，好像自己也变成了一个小女孩。那些孩子们想起来就害怕的事，比如学习枯燥的语法、难解的算术、艰深的定义等，而今都是我非常宝贵的回忆之一。

我无法解释沙利文小姐对我的快乐和愿望所表现出的特有的理解，也许这是和盲人长期接触的结果。此外，她还有出色的描绘才能。那些枯燥无味的细节，她总是一带而过，也从不拿前一天所学的功课来考我。干巴巴的科学技术在她循序渐进的讲解下，变得如此生动真实，让我不由自主地记住了所学的内容。

相比室内，我们更喜欢阳光下的树林，所以常去户外学习。我早年学到的一切都渗透着森林的气息——松脂的香洌混合着野葡萄的香气。坐在野生鹅掌楸浓郁的树荫下，我意识到世间万物都值得学习，都能给人启迪。"万物皆可爱，万物皆可用。"确实，那嗡嗡作响、低声鸣叫、婉转歌唱或吐蕊绽放的一切，都构成了我的教育的一部分——鼓噪的青蛙，拢在我手心里不再紧张而霍霍鸣叫的纺织娘和蟋蟀，毛茸茸的小鸡，还有那野花、山茱萸花、草场上的紫罗兰和萌出嫩芽的果树。我触摸着开裂的棉铃，用手指拨弄柔软的纤维和带绒毛的棉籽。我听到微风拂过玉米田的飒飒声，纤长的玉米叶沙沙作响。被我们撞见在牧场上吃草的小马，它那愤怒的嘶鸣以及鼻息中散发的草汁味，都深深烙印在我的脑海里。

有时，我于黎明时起身，趁厚重的露珠还挂在草尖和花瓣上，偷溜进花园里。少有人能体会把玫瑰花轻握在手心里的触感，或是领略百合在晨风中摇曳的轻柔。我偶尔会在采花时捉到一只花间的小虫子，这小小的生命因意识到外来的危险而陷入突如其来的恐慌，我便能感受到它的双翼摩擦而带来的细小颤动。

七月初果子开始成熟，果园便是我的另一个流连之处。毛茸茸的大桃子自动掉落在我手中，欢欣的秋风将苹果送到我脚下。哦，我开心地用围裙兜着果子，用脸颊贴着苹果光滑的外皮，体会太阳的余温，然后一路蹦蹦跳跳地回家去。

我们最喜欢去凯勒码头散步。那是田纳西河边一座古老到摇摇欲坠的木材码头，在南北战争时期为了部队登陆而修建。我们在那里度过了许多快乐时光，边玩边学地理知识。我用鹅卵石造堤，建岛筑湖，开挖河床，玩得不亦乐乎，从来没想到这是在上课。沙利文小姐向我描绘了我们这个又大又圆的地球，喷发的火山，被埋葬的城邦，漂移的冰河以及其他许多奇闻逸事，我越听越觉得新奇。她用黏土给我做立体地图，让我可以用手摸到凸起的山脊和下陷的山谷，还有蜿蜒的河流。这些我都很喜欢，但我总是分不清气候带和两极。沙利文小姐就用一根根线代表经纬，用一根橙色的木棍代表贯穿南北极的地轴，非常生动逼真。直到今天，只要有人提起温带，我就会想起纵横交错的线圈；如果有人骗我说北极熊会爬上北极那根柱子，我想我会信以为真。

算术是我唯一不喜欢的功课。从一开始我就对数字不感兴趣。沙利文小姐用珠子穿线来教我数数，又拿了幼儿园用的草棍来教我加减。我一次学不过五六题便没了耐心。每回做完这几道题，我就心安理得地觉得万事大吉，迅速跑出去找小伙伴们玩了。

动物学和植物学也是这样在玩中学的。

一次，有位我记不得名字的先生给我寄来了一些化石——带有美丽花纹的小软体动物贝壳，印着鸟爪痕迹的砂岩碎块，还有一块化石上留下了如浮雕般的可爱的蕨类植物的痕迹。这些化石为我打开了远古世界的宝藏之门。我既激动又害怕地听着沙利文小姐讲述那些名字古怪拗口的可怕怪兽，它们游荡在原始森林中，摧折巨树的树枝为食，最后葬身于不知何时形成的死亡沼泽之中。很长一段时间，这些怪兽总是出现在我的梦魇里。那个阴暗的遥远时代与美好的当下形成了鲜明的对照。当下阳光普照，玫瑰盛开，小马的蹄声轻柔回荡。

又有一次，有人送我一个美丽的贝壳。带着孩童的惊喜，我知道了一个小小的软体动物是如何建造如此色彩斑斓的安身之所，明白了鹦鹉螺是如何在静谧无风的夜晚乘着它的"珍珠号"小船悠游在平静而湛蓝的印度洋上。我了解了许许多多有关海洋生物生活习性的知识和趣闻——小小的珊瑚虫是如何在潮涨潮落间在太平洋建起了美丽的珊瑚礁，浮游有孔虫又是如何垒起了山丘般的白垩地貌——之后，沙利文老师为我读了一本名为《驮着房子的鹦鹉螺》的书，告诉我软体动物塑壳的过程就像人类的思考过程一样，正如鹦鹉螺外套膜的神奇作用是能把从海水中吸收的物质转变成身体的一部分，人类积累的智慧也会经历类似的升华，最终变成思想的珍珠。

同样，植物的生长也丰富了我的学习。我们买回一株百合，放在阳光充足的窗台上，很快它就长出了尖尖的绿色花蕾，这预示着它即将盛开。包着花蕾的叶子如同纤纤玉指，张开得很慢，我想它好像不愿让人窥见里面包藏的花骨朵。可一旦它准备绽放，叶子展开的速度就加快了，但依然是井然有序、有条不紊的样子。总有一个花蕾比之其他花蕾更大更漂亮，绽放的姿势更盛大，仿佛那隐藏在柔软而光滑的外衣之下的花蕾也知道自己就是天选的百合女王。等到其他胆怯的姐妹也娇羞地褪下绿色的面纱，整个枝头便是一片繁花似锦，浓香袭人。

种满绿植的窗台上有一个球形鱼缸，里面曾住着十一只蝌蚪。我还记得自己多么迫切地想了解它们。我把手伸进水里，感觉到小家伙们在轻快地嬉戏，当它们轻盈地划过指间，真是太有趣了。一天，一只胆大的蝌蚪竟然跃出鱼缸，落在了地板上，等我发现时它已经奄奄一息，只剩小尾巴还在微微扭动。可我刚把它放回鱼缸里，它就嗖的一下子潜入水底，畅快地游了起来。跳过了鱼缸，见过了世面，它现在甘心待在倒挂金钟花下的漂亮水晶宫里，等着变成青蛙王子。到了那一天，它会跃入花园尽头绿草茵茵的池塘里，用它那奇特又有趣的情歌把夏夜装点成音乐的世界。

就这样，我从生活里汲取知识。起初，我只是一个充满可能的小孩，是沙利文老师发现并发展了这些潜能。她的到来让我身边的一切充满了爱、喜悦与意义。她从不放过任何一个机会让我体会万物之美，她每时每刻都设法用思想、行动和实例让我的生活变得幸福而有益。

正是我的老师的天赋智慧、善解人意和爱的策略，我的启蒙教育才会如此美妙。正因为她抓住了传授知识的恰当时机，我才觉得知识让人如此愉悦，而且易于接受。她认识到孩子的心灵就像一条清浅的小溪，孩子的教育就像小溪在布满鹅卵石的河床上激起涟漪，一路轻快地潺潺而下，时而倒映出一朵鲜花，时而倒映出一丛灌木，时而又倒映出一朵羊毛般松软的白云。她为引导我费尽思量，因为她明白，孩子的心灵如同小溪，需要山涧幽泉的滋养，直到它汇成深广的大河，那时在它波澜不惊的河面上倒映出的将是层峦叠嶂，是粼粼树影，是蔚蓝的天空和一朵小花的灿烂笑脸。

每位老师都能把孩子领进教室，但不是每位老师都能让孩子学到东西。若不能让他觉得自在，不论辛苦与否，他都不会快乐地学习。他必得尝到胜利的喜悦与失望的揪心，方能意志坚定地完成并不喜欢的任务，在每日枯燥的学习中苦中作乐。

我的老师与我亲密无间，我很难想象自己会和她分离。我永远也说不清，我对所有美好事物的喜爱，有多少源自内心，又有多少是受她的影响。我与她密不可分，她的脚步在引导我前进。我最美好的一切皆属于她——我的天赋，我的抱负，乃至我的快乐，无不在她爱的抚摸下苏醒。

第八章

沙利文小姐来到塔斯坎比亚后的第一个圣诞节成为家里的一件大事。家里每个人都在为我准备惊喜，而最令我开心的则是我和沙利文小姐也在为他们准备惊喜。礼物的神秘性才是我最大的欢乐和兴趣所在。我的朋友们想方设法引起我的好奇，装作恰好说漏了嘴，故意给我点暗示或一句半句的提醒。沙利文小姐趁机和我玩起了猜字游戏，我从中学会了许多语言的用法，比任何安排好的课程学到的还多。我们每天晚上围坐在烧得旺旺的壁炉前玩猜字游戏，随着圣诞节的临近，我们的兴致越发高涨。

圣诞前夜，塔斯坎比亚镇上的学生们立起了圣诞树，邀请我参加圣诞聚会。漂亮的圣诞树就立在教室中间，在柔和的灯光下闪闪发光，枝头挂满新奇好看的水果。那真是无比幸福的一夜。我围着圣诞树雀跃着，欢喜着。当得知每个孩子都有礼物时，我更加高兴了，而且好心的晚会筹备成员让我来发礼物。我忙得不亦乐乎，连自己的礼物都没顾得上看一眼。好了，我准备好了，真正的圣诞节快快到来吧，我几乎控制不住了。我知道这些树上的礼物不是朋友逗我玩时暗示的那些，因为沙利文小姐说过，亲朋好友送我的礼物要更好。不过，她叫我要感恩这些已得到的，其余的就留待明天一早揭晓吧。

那个平安夜，我挂起自己的长筒袜后，久久无法入睡。我佯装睡着，其实支着耳朵等圣诞老人到来，想知道到时候他会做些什么。后来，我抱着晚上刚得到的娃娃和白熊睡着了。第二天，我起得最早，用一句"圣诞快乐"唤醒了全家。家人给我的惊喜无处不在，不仅长筒袜里有，桌子上、所有的椅子上、门边、窗台上到处都有用薄纸包装好的礼物，我几乎每迈出一步都会踩到礼物。而当沙利文小姐送给我一只金丝雀的时候，我的快乐达到了顶点。

我把这个小家伙叫作"蒂姆"。温顺的小蒂姆常跳上我的指尖，从我手中啄食樱桃蜜饯。沙利文小姐教我如何照顾我的新宠。每天早餐后，我给它洗澡，把笼子整理得干净又温馨，往它的小杯子里添上从井房打来的水，再来点新鲜的草籽，最后在它的秋千架上挂上一小束繁缕草。

一天早上，我把鸟笼放在窗台上，去给蒂姆打水洗澡。等我回来开门时，似乎有只大猫擦着我的腿溜了出去。一开始我并没有意识到发生了什么，但当我把手伸进笼子里，却没有摸到蒂姆漂亮的翅膀，它尖尖的小爪子也没有攀着我的手指，那时我才明白，我再也见不到我心爱的小歌唱家了。

第九章

　　我人生中第二件大事，是 1888 年 5 月的波士顿之行。出发前的准备，与老师和母亲的一同启程，旅途中的见闻，以及最后抵达波士顿的种种情形——一切宛如昨日，历历在目。这次旅行与两年前的巴尔的摩之行真是天差地别！我不再是当初那个一刻也闲不住、容易激动、需要火车上所有人关注才能高兴的熊孩子了。我安安静静地坐在沙利文小姐身边，兴致勃勃地听着她向我描述她所见到的车窗外的景致：美丽的田纳西河，大片的棉花地，山丘与森林，还有大声笑着涌进车站的黑人。他们向火车上的旅客招手，向每节车厢的乘客兜售香甜可口的糖果和爆米花。我破旧的大娃娃南希就坐在我对面，身穿一条崭新的格子裙，头戴一顶带褶皱的太阳帽，睁着一对珠子做的眼睛看着我。有时，我没认真听沙利文小姐的讲述，想起了南希，便把她搂到怀里，但我通常会安慰自己说她睡着了，需要我抱一抱。

　　也许，后面再没有机会提到南希了，所以我想在这儿说一件她的伤心事。那是在我们抵达波士顿后不久，她全身脏兮兮的——那是我逼她吃泥土派的结果，尽管她从未对泥土派表现出任何兴趣。柏金斯学校的洗衣女工偷偷把她带走，给她洗了个澡。可怜的南希怎么经得起这番折腾。等我再见到她时，她已经变成一堆棉絮，要不是那两颗珠子眼睛带着责备的目光瞪着我，我简直认不出她来了。

火车终于停靠在波士顿站，仿佛一个美丽的童话变成了现实。"从前"变成了现在，"遥远的地方"就在眼前。

一到柏金斯盲校，我就和那里的盲童交上了朋友。当我发现他们会手语时，简直高兴得难以言述。能用自己的语言与其他孩子交流，怎能不叫我欣喜若狂呢？在那以前，我一直像个外国人，通过翻译才能和人说话。在这个劳拉·布里奇曼待过的学校，我好像来到了自己的国度。可我花了点时间才反应过来，我的新朋友们也是盲人。我知道自己看不见，却从未想过那些围着我嬉戏玩闹、活泼可爱的小伙伴也看不见。我还记得，当我发现他们把手放在我的手上才能明白我的意思，他们读书的时候也用手触摸时，我是多么惊奇而痛苦。虽然他们早就告诉过我，而我也知道自己身体上的缺陷，但我总模模糊糊地认为，既然他们听得见，那么他们一定有某种"第二视觉"。我怎么也想不到，一个个小伙伴都和我一样，失去了同一种宝贵的天赋，什么也看不见。但是他们是那么开心而满足，有他们做伴带来的快乐，渐渐冲抵了我的痛苦。

和盲童在一起待了一天之后，我便在新环境中有了一种宾至如归的感觉。时光飞逝，我热切地追寻着一个又一个快乐的经历。我把波士顿看作世界之始，也是世界之末，我几乎不相信除此之外还有更广阔的天地。

在波士顿期间，我们参观了邦克山。沙利文小姐在那里给我上了第一堂历史课。我们所在的那座山就是当年英雄们浴血奋战的地方，这让我无比激动。我数着台阶登上了邦克山，爬得越高，心里就越想知道，当年的英雄们是否也攀登过这条伟大的山路，居高临下地将敌人歼灭。

第二天，我们乘船前往普利茅斯。这是我第一次出海，也是我第一次坐上蒸汽船。海上的生活真是丰富又热闹啊！但是机器的轰鸣声让我以为在打雷，担心若是下雨便无法在户外野餐的我竟哭了起来。普利茅斯最令我感兴趣的是最初来到美洲的移民登陆时的那块巨大岩石。我用手摸着那块巨岩，那使我感到当年移民们远渡重洋、艰难跋涉的伟大事迹更加真实。参观移民博物馆时，一位和善的先生送给我一块普利茅斯岩的小模型。我常常将它握在手里，抚摸它凹凸不平的表面、中间的裂缝和上面刻着的"1620"的字样，那时脑海里便浮现出移民们的种种不凡事迹。

他们的进取之心和丰功伟绩在我那稚嫩的心中熠熠生辉。他们是我理想中慨当以慷的英雄，敢于在异国他乡扎根落户。他们追寻的不仅是自己的自由，也是同胞们的自由。尽管他们凭借勇气与力量，为我们开辟出一片"美丽的疆域"，但若干年后，当我得知他们的迫害行为时，我还是无比震惊和失望，感到强烈的羞耻。

在波士顿我认识了不少新朋友，其中有威廉·恩迪科特先生和他的女儿。他们待我的善意叫我至今不能忘怀。

有一天，我们去贝弗利农场拜访他们。我们穿过美丽的玫瑰花园，大狗利奥与长耳朵卷毛小狗弗里茨迎上前来，农场里跑得最快的马儿尼姆罗德拿鼻子蹭着我的手，要我拍拍它，给它糖吃。这一切都给我留下了美好的回忆。我还记得附近的海滩，那是我生平第一次到沙滩上玩耍。那里的沙子硬实而光滑，同布鲁斯特海滨松散而硌脚、混杂着海草和贝壳的沙子完全不同。恩迪科特先生告诉我，许多从波士顿启航驶往欧洲的大轮船都要经过这里。后来，我又多次见到他，他永远待我亲善如好友；就是因为他，我将波士顿称为"善心之城"。

第十章

柏金斯学校放暑假前，沙利文老师和我们的好友霍普金斯夫人已经安排好了，带上我去科德角的布鲁斯特海滨度假。我自然是满心期待，满脑子想的都是愉快的行程，以及关于大海的各种传奇故事。

那年暑假我最深刻鲜活的记忆是关于大海的。我久居内陆，未曾闻过咸腥的海风，但我曾读过一本叫《我们的世界》的大部头书，里面描绘的海洋让我充满了好奇与向往，渴望能触摸浩瀚的大海，感受大海的咆哮。当得知这一夙愿终于就要实现，我激动得小心脏怦怦直跳。

她们一替我换好泳衣，我便迫不及待地在温暖的沙滩上撒起欢来，毫不畏惧地跃入清凉的海水中。我感受到大浪的汹涌浮沉。海水的浮力轻柔而微妙，让我兴奋到战栗。突然，我的狂喜变作恐惧——我的脚撞上了一块礁石，随后一个大浪劈头盖脸砸了下来。我伸出手去想要抓住个依靠，可触手所及的唯有海水和海浪打在我脸上的水草。我拼命地挣扎，一切只是徒劳。海浪好像要与我玩游戏，疯狂地把我抛来抛去。真是太可怕了！脚下没有了宽厚而坚实的大地，一切曾守护着我的东西——生命、空气、温暖和爱——似乎都被陌生的海浪隔绝开去。终于，大海好像厌倦了它的新玩具，把我冲回了岸上，沙利文小姐立刻把我紧紧抱在了怀里。哦，这悠长而温柔的拥抱是多么抚慰人心！待我从惊恐中缓过劲儿来，第一句话就是："谁在海里放了这么多盐？"

从第一次下海的历险中恢复过来后，我觉得最有意思的还是穿着泳衣坐在大礁石上，一波波海浪冲击礁石，将击起的浪花泼打在我身上。我感到大浪猛烈地拍打海岸，卷起海边的石头；整个海滩似乎被恐怖的巨浪撼动，空气也随之阵阵战栗。撞碎的巨浪稍一落下，又迅速地集结，随后发起更猛烈的反扑。我紧紧地抓住礁石，心中既紧张又对大海深深着迷，这就是海的汹涌澎湃啊！

我在海岸边怎么也待不够。独特纯净、清新自由的海风像冷静安宁的思绪，贝壳、鹅卵石、海草和藏匿其间的微小生物永远都那么吸引我。一天，沙利文小姐捉到一只在浅水洼里晒太阳的怪家伙，它立刻吸引了我的注意力。那是一只大马蹄蟹——我以前从未见过这东西。我边摸边想，它居然能把房子背在背上，真是奇怪呢。我突然有了一个主意，觉得把它当宠物一定很好玩。于是我两手揪住它的尾巴，把它往住的地方拖。这个壮举让我得意极了，因为这家伙非常重，我费了九牛二虎之力才把它拖到半英里外的住所。我缠着沙利文小姐把它安置在水井旁一个我认为足够安全的水槽里。可当我第二天早上走到水槽边，瞧啊，它不见了！没人知道它去哪儿了，又是怎么溜走的。

当时我又气又恼；但渐渐地我意识到，把这可怜的小哑巴困在一方水槽中，让它离开了原本的自然环境，是既不人道也不明智的。过了一阵子，我想它大概是回到大海中去了吧，于是心情又好了起来。

第十一章

那年秋天，我满载着美好的回忆，回到了南方的家中。每当我回想起这次北境之旅，不禁惊叹于此行的经历竟然如此丰富多彩。似乎一切都才刚刚开始。一个美丽新世界像宝藏一样在我的脚下展开，每次转身都会收获快乐与知识。我敞开全身心感受万事万物。我一刻也不愿停下来，我的生命充满活力，如同那些朝生暮死的小昆虫，将一生浓缩进短短的一日。我遇到了许多人，他们通过在我的手上写字来与我交谈，志同道合的思想在快乐中碰撞，看哪，奇迹发生了！我与他人之间的心灵荒原竟然像玫瑰一样开出了花朵。

那年秋季，我和家里人是在离塔斯坎比亚大约十四英里的一座山上度过的。山上有一座我们家避暑用的小木屋，位于"蕨石矿"，因附近有一座早已废弃的石灰石矿而得名。三条欢快的小溪流经这里，它们来自山上石缝中的泉水，遇有岩石阻挡便一路东奔西突，飞流直下。空地上长满蕨类植物，将石灰石矿床遮了个严严实实，在有的地方甚至盖住了溪流。山上的其他地方都是密林，有高大的橡树，也有枝繁叶茂的常青树，树干犹如长满苔藓的石柱，常春藤与槲寄生交织如花环垂挂在枝头。柿子树的香气弥漫在树林的每一个角落——如梦似幻，沁人心脾。野生的圆叶葡萄和斯卡巴农葡萄从这棵树攀到那棵树，葡萄藤架总是引来蝴蝶飞舞、昆虫低吟。天色向晚，沉醉于密林深处的绿影空幽；日暮时分，呼吸着泥土散发的清凉气息——真是令人心旷神怡。

我家的避暑木屋虽是陋室，但坐落于山顶之上，四周有橡树和松树环绕，风景宜人。屋子中间是一个开放式长厅，窄小的房间分列两侧。房子四周有宽大的游廊，山风吹送，带来树木的清香。我们的大部分时间在游廊上度过——上课、吃饭、做游戏。后门处有一棵高大的灰胡桃树，边上环砌着石阶。前门也有很多树，紧挨着游廊，伸手就可以摸到树干，还能感受风摇枝颤，以及树叶打着旋儿在秋风中飘落。

有很多人来蕨石矿游玩。晚上，男人们在篝火旁打牌、聊天、运动，打发时间。他们夸耀自己捕禽、钓鱼、猎兽的高超本领——打了多少只野鸭和火鸡，捉住了"凶猛的鳟鱼"，猎杀最狡猾的狐狸，算计最聪明的负鼠，追赶最擅跑的小鹿。听得人只觉得，在这些足智多谋的猎人面前，狮子、老虎和熊简直没法活了。这群快活的朋友散去睡觉前，总是要喊一句"明天猎场见！"互道晚安。他们就睡在我们房间门外的大厅，那里有临时搭起的床铺，我能听见猎犬和猎人沉重的呼吸声。

破晓时分，我便被咖啡的香味、猎枪的撞击声和猎人们来回走动的沉重脚步声唤醒。他们整装待发，期待着能在这个狩猎季满载而归。我还能感觉到马蹄踩踏地面的动静，这些坐骑是猎人们从城里骑来的，夜里就拴在树下面，此时正发出阵阵响亮的嘶鸣，迫不及待想要出发。最后，猎人们翻身上马，就像老歌里唱的那样：扬缰纵马鞭儿响，猎犬疾驰在前方，听那犬吠人声壮，威武猎手出征了！

临近中午，我们准备烤肉。人们在地上挖个深坑，里面点上火，上头架起粗大的树枝，把肉挂在上面边烤边转。火堆边蹲着几个黑人，挥动长长的枝条驱赶苍蝇。餐桌还没摆好，诱人的肉香已经叫我垂涎三尺。

正当大伙儿热火朝天地准备野餐时，猎人们也三三两两陆续回来了，他们满头大汗，疲惫不堪。马儿累得口吐白沫，筋疲力尽的猎犬低头耷脑地喘着粗气——猎物的影子都没有一个！每个人都自称看见了不止一只鹿，而且近在咫尺。眼看猎犬就要追上，枪口已经瞄准，可偏偏在扣动扳机的一瞬间，突然不见了鹿的踪影。他们就好像故事里的小男孩，说自己发现了一只兔子——其实只是看到了兔子的脚印。很快，猎人们便把失落丢到了脑后，然后我们坐下来开始享受美食。只不过端上来的不是鹿肉，而是烤牛肉和烤猪肉。

一年夏天，我在蕨石矿养了匹小马驹，唤作"黑美人"。这名字来自我刚读过的一本书，它与书里的那匹马像极了，都是一身油亮的黑皮毛，额上一抹星状的白毛。我在马背上度过了许多极其快乐的时光。偶尔在很安全的情况下，沙利文小姐会放开马缰绳。小马一会儿自由漫步，一会儿停下随意吃两口草，一会儿又啃啃小径旁的树叶。

用过早餐后，有时我不想骑马，就和沙利文小姐到林中散步。兴之所至，我们便故意走上平时无人经过的牛马踏出的小路，流连于林木与藤蔓间。我们常常会遇到浓密的灌木无法穿行，不得不绕道而过。每每归来时，我们怀里满是月桂、麒麟草、蕨类和美丽的沼泽之花，都是南方特有的品种。

有时候，我会和米尔德里德以及其他年幼的表兄妹一起去摘柿子。我不爱吃柿子，但我喜欢柿子的香味，喜欢在树叶和草丛里玩找柿子的游戏。我们还去采山果，我帮他们剥去栗子的刺皮，砸开山核桃和胡桃的硬壳，里面的果仁真是又大又甜啊！

山脚下有一条铁路，孩子们能看到火车疾驰而过。有时，火车发出的凄厉的长鸣吓得我们直往屋里钻，然后米尔德里德很兴奋地告诉我，鸣笛是因为有一头牛或一匹马在铁轨上晃悠呢。离铁路约一英里远的深谷之上有一座过火车的栈桥。那座桥很难走，因为铺设的枕木之间相隔很宽，桥面又极窄，行走其上如履刀刃。我从来没走过那座桥，直到有一天，沙利文小姐带着我和米尔德里德在森林中迷失了方向，转了好几个小时也没找到路。

突然，米尔德里德用她的小手指着前面喊道："是那座栈桥！"原本我们宁可走其他路，也不愿选择这座桥。但是当时天色已晚，过桥是回家的捷径。一开始我不得不用脚尖小心地探着枕木前行，但我并不害怕，走得也挺稳。猛然间，远处隐约传来"呜呜"的声音。

"火车来了！"米尔德里德大喊道。要不是我们连忙爬到桥下的十字支撑架上，我们就要被迎面而来的火车轧得粉碎。火车头喷出的热浪扑打在我脸上，烟气和煤灰呛得我们几乎窒息。火车轰隆而过，栈桥余震未消，好像要把我们抛进下方的深谷。我们使出吃奶的力气才爬回枕木上。等回到家时天早已黑透，而全家人都出门去寻找我们了。

第十二章

第一次波士顿之行后，我几乎每年都在北方过冬。有一次，我拜访了新英格兰地区的一个小村庄，在那里我感受到了冰封的湖面和广袤的雪原。那是有生以来我第一次与冰雪结缘。

我惊讶地发现，大自然的神秘之手剥去了树木和灌木繁茂的枝叶，只留下零星枯叶。鸟儿飞走了，光秃秃的树上只留下落满积雪的空巢。冬天降临在山冈与原野。大地似乎被冬天的"点冰指"冻得僵硬，树木的精气神也已退缩到根部，蜷缩在黑暗的地下沉沉睡去。一切生命似乎都已消失，即便有太阳照射，白昼却

> 缩短了，而且寒冷，
> 仿佛她的血管已萎缩衰老。
> 她虚弱无力地爬起来，
> 只为了再模模糊糊地看一眼大地与海洋。

枯萎的青草和灌木变成了林立的冰柱。

有一天，寒风的凛冽预示着暴风雪的来临。大雪初落时，我们冲到屋外，伸手去接小小的雪花。雪无声无息地下了几个小时，纷纷扬扬地从天空飘到地面，大地成了一片平整的雪原。下了一夜大雪，清早起来的人们几乎分辨不出原来的地貌。道路全部被白雪覆盖，连一个路标也看不见，唯有树木矗立在雪原之上。

傍晚，刮起了东北风，被卷起的雪花漫天飞舞。我们围坐在熊熊的炉火边，兴高采烈地讲故事、做游戏，全然忘记了自己身处荒僻之地，与外界断绝了联系。夜里，风越刮越猛，我们渐渐产生了莫名的恐惧。狂风席卷大地，屋椽不堪风力，嘎嘎作响，屋旁的树枝噼里啪啦地抽打着窗户。

一直下到第三天，大雪才止住。太阳破云而出，照在广阔而起伏的白色平原上。白雪堆成金字塔般的奇形怪状的高高雪丘，四周都是积雪，无法通行。

我们在积雪里铲出一条条窄道。我披上斗篷和头巾走出来。冷空气刺得脸颊像火燎一样疼。在铲出的窄道和较浅的积雪之间，我们深一脚浅一脚地来到了一片松林，再过去是一大片宽阔的牧场。松树挺立在雪中，银装素裹，恍若大理石雕琢而成，闻不到松针的清香。阳光落在树上，覆雪的枝头犹如钻石般闪耀，轻轻一碰，雪花就像雨点一样洒落。雪地上的阳光反射强烈，甚至穿透了蒙在我眼前的黑暗。

日子一天天过去，积雪逐渐融化，可还没等它完全消失，另一场暴风雪又来临了。整个冬天，我的脚几乎没有踩到土地。在两场暴风雪之间，树木有时会脱去冰雪的外衣，芦苇和矮小的灌木也会探出头来；但是阳光下的湖面却始终冻得很结实。

那年冬天，我们最喜欢玩的是平底雪橇。湖岸上有些地方非常陡峭，我们就从坡度大的地方往下滑。我们在雪橇上坐好，一个男孩使劲一推，雪橇嗖地就滑下去了！穿过积雪，跃过洼地，径直冲向湖面，在闪闪发光的冰面上一下子滑到对岸。真是太爽了！太刺激了！在那风驰电掣的几秒钟里，我们似乎脱离了大地的束缚，御风而行，飘飘欲仙！

第十三章

　　1890 年的春天，我开始学说话。我的内心很早就有发出声音的强烈冲动。我常常把一只手放在喉咙上，另一只手放在嘴唇上，感受两边的配合，发出些声音来。我喜欢任何能够发出声音的东西，无论是咕噜噜的猫还是汪汪叫的狗，我都爱用手去触摸它们。我还喜欢把手放在歌者的喉部，或是弹奏的钢琴之上。丧失视力和听力之前，我学说话的速度很快，但那场大病之后，我不再说话，因为我听不见了。我整天坐在母亲腿上，双手摸着她的脸颊，因为感受她说话时嘴唇的开合令我很开心。我也试着张嘴，虽然早已忘了怎么说话。朋友们说我的哭和笑都和正常人一样。有时，我会发出一些声音和音节，并不是为了和别人说话，而是因为我必须锻炼自己的发音器官。有一个字的意思至今我依然记得，那就是"水"（water）。我把它读成"刷、刷"（wa-wa）。即便是这样不准的发音，也越来越含混不清，这个状况一直持续到沙利文小姐到来，她教我用手指拼写，我就不再尝试发音了。

　　我早就知道周围的人采用与我不同的交流方式。甚至在我知道聋孩能学会说话之前，我就意识到自己对已经掌握的交流方式不满意。完全依赖手语交流，总让人感觉受到限制，表达不畅。这种感觉开始让我烦躁不安，想要弥补这一缺陷的愿望越发急切。我的思绪常常像逆风的鸟儿竭力振翅一样。我就是想张嘴发声，朋友们却怕我说不好会失望，都试图叫我打消这念头。但我坚持下来了。不久，发生了一件事，打破了我学习说话的巨大障碍——我听说了朗希尔德·卡塔的故事。

1890 年，刚从挪威和瑞典回来的拉姆森夫人来看我，她曾是劳拉·布里奇曼的老师。拉姆森夫人告诉我，挪威有一个叫朗希尔德·卡塔的盲聋女孩，已经学会了说话。没等拉姆森夫人说完卡塔的故事，我学说话的迫切渴望就已经如烈火一般熊熊燃烧起来。我下定决心，我也一定要学会说话。我缠着沙利文小姐，让她带我去见贺拉斯·曼学校的校长莎拉·富勒小姐，寻求建议和帮助。这位和蔼而温柔的女士决定亲自教我。我的学习开始于 1890 年 3 月 26 日。

富勒小姐的方法是这样的：她发音的时候，让我把手轻轻地放在她的脸上，来感觉她舌头和嘴唇的位置。我用心地模仿她的每一个动作，一小时后就学会了说六个字母：M，P，A，S，T，I。富勒小姐一共给我上了十一节课。我永远也忘不了当我第一次连贯地说出"天气暖和"这个句子时的惊喜与快乐。诚然，这些音节被我说得断断续续，结结巴巴，但它毕竟是人类的语言。我意识到有一种新的力量，让我的灵魂冲破桎梏，通过那些断断续续的语言象征，奔向一切知识和一切信仰。

任何一个迫不及待想要说出那些他从来没有听过的字的聋孩，都不会忘记当他说出第一个词时，那惊喜的战栗和发现的快乐。他要走出无声的牢笼，那里没有爱的语调，没有鸟儿的歌声，没有音乐的旋律，只有一片死寂。只有这样的人才知道，我是怀着多么热切的心与玩具、石头、树木、鸟儿和不会说话的动物交谈的；也只有这样的人才能了解，当米尔德里德听到我的呼唤而来，当我的狗狗听从我的命令时，我有多么欢欣雀跃。对我来说，用会飞翔的语言说话而无须他人翻译，是一种妙不可言的恩赐。当我开口时，从言语中轻盈飞出的快乐思想，很可能用手语徒劳半天也无法表达。

但是，千万不要以为我能在这么短的时间内真正学会说话。我只是掌握了一些说话的基本要素。富勒小姐和沙利文小姐能听懂我的意思，但多数人可能连百分之一都理解不了。你们也不要认为，掌握这些说话要素后，我自己就可以说话了。要不是沙利文小姐在这方面的天分，以及她的不懈坚持和奉献，我绝不可能取得进步，把语言说得如此自然。最初，我夜以继日地苦练，才让最要好的朋友们听懂了我的意思；随后，我在沙利文小姐的持续帮助下，反复训练每个词的清晰发音和各种音节的组合。即使到现在，沙利文小姐仍然每天提醒我注意不正确的发音。

只有教过聋孩的老师才明白这意味着什么，也只有他们才能完全体会摆在我面前的特殊困难。我完全依靠手指来读懂沙利文小姐的发音：通过触觉来捕捉她声带的振动、嘴唇的开合与面部表情；而这样的感觉往往并不准确。在这种情况下，我被迫一遍遍重复那些字词句，有时一练就是几个小时，直到我感觉发出的音准了为止。我的任务就是练习，练习，再练习。气馁和疲倦常常困扰着我；但一想到很快可以回家，与挚爱亲友分享学习的成果，我又备受鞭策，因为我是那么期待他们为我的成就感到快乐。

"我的小妹妹现在能听懂我说话了。"这成为我战胜一切困难的坚定信念。我常狂喜地念叨："我现在不是哑巴了。"每当想到能与母亲说话，理解她口形的含义，我就充满了期待与信心。当我发现开口说话比用手指拼写容易得多时，我震惊不已。我不把手语作为交流的媒介，但沙利文小姐和一些朋友依然用这种方式和我说话，因为这比读懂唇形更方便快捷。

说到这里，我也许应该解释一下我们使用的手语，那些不了解我们的人似乎对手语有些困惑不解。人们给我读书或与我谈话时，用一只手来拼写，也就是采用了聋哑人通常使用的单手手语。我把手轻轻地搭在对方的手上，并不妨碍其手指的运动。我能轻松地感受到手指的移动，就像你们能轻松地看到一样。我不是一个字母一个字母地触摸，就像你们也不是一个字母一个字母地阅读。不断的练习会使手指非常灵活，我的一些朋友手语打得非常快——堪比专业打字员的速度。当然，熟练的拼写如同写字一样，已成为一种下意识的动作。

当我能够开口说话后，我等不及想回家。最快乐的归程时刻终于来临了。一路上，我不停地与沙利文小姐说话，不是为说而说，而是决心不断改进直到最后一刻。不知不觉，火车抵达塔斯坎比亚车站，全家人都在站台上等着。母亲将我紧紧搂在怀里，激动得全身颤抖，默默地听着我发出的每一个音节。小米尔德里德抓住我的一只手亲吻着，高兴得直跳。父亲一言不发，慈爱的脸上满是自豪。现在想起那天的久别重逢，我依然忍不住热泪盈眶。好像是以赛亚的预言在我身上得到了应验："大山小山必在你们面前发声歌唱，田野的树木也都拍掌！"

第十四章

1892年冬天，我童年的明媚天空笼罩了一抹乌云。我郁郁寡欢，很长一段时间都沉浸在怀疑、焦虑和恐惧中难以自拔。书本对我也丧失了吸引力。现在回想起那些可怕的日子，我依然心有余悸。整件事的起因是我写了一篇名为《霜王》的小故事，寄给了柏金斯盲校的阿纳格诺斯先生。为了澄清此事，给我自己和沙利文小姐讨回公道，我必须说出与这件事相关的事实。

学会说话后的那个秋天，我在家中写下了那篇故事。那年，我们在蕨石矿待的时间比往年都长。在蕨石矿时，沙利文小姐向我描绘了秋叶之美，这使我想起了一则故事，肯定是别人念给我的，而我无意中记住了。当时我却以为自己是在"编故事"，就像孩子们平常说的那样。为免灵感转瞬即逝，我赶忙坐下来写作。我文思如泉涌，感觉到创作的喜悦。字词和意象在我指间流淌，脑海中的一句句话落在了布拉耶盲文板上。现在，如果有字与意象得来全不费功夫，那几乎可以肯定并非出自我的思想，而是别人的产物，我很遗憾地忘却了它的来处。可我当时急切地吸收着读到的一切，完全没有想到过原创作者的问题。甚至到了现在，我也很难分清自己的思想与书本里的思想之间的界限。我想，这是因为我脑子里那么多印象，全是通过别人的眼睛和耳朵为中介而得到的。

故事一写完，我便念给沙利文小姐。至今我仍清晰地记得，精彩的段落多么令我陶醉，而因为读错音被老师打断、纠正多么令我懊恼。晚餐时，我把故事在全家人面前读了一遍，他们都非常惊讶我竟能写得那么好。也有人问我是不是从哪本书里看来的。

这个问题让我很是吃惊，因为我压根没有印象谁曾为我读过这样的故事。我大声回答："哦，不，这是我写的故事，我要把它献给阿纳格诺斯先生。"

于是，我将这篇故事誊抄了一遍，作为生日礼物寄给了阿纳格诺斯先生。故事本名为《秋叶》，根据家人的建议改为了《霜王》。我亲自将故事送到邮局，一路得意扬扬。我做梦也想不到，我要为这件生日礼物付出多么惨痛的代价。

阿纳格诺斯先生很欣赏《霜王》，他把它刊登在柏金斯学校的校报上。我的快乐达到了顶峰，可没过多久我便堕入了痛苦的深渊。我到波士顿没多久，就有人发现了一篇与我的《霜王》非常相似的作品，是玛格丽特·T. 坎比小姐写的《霜仙》，收录在我出生前就已经出版的《小鸟和它的伙伴们》一书中。无论在思路上还是语言上，这两个故事都非常接近，显而易见，有人给我读过坎比小姐的故事，而我的小说只是——剽窃之作。让我认识到这一点很困难，可当我真的明白之后，我无比震惊和痛心。我承受了任何一个孩子都未曾尝过的痛苦。我让自己蒙羞，也让我最爱的人受了猜忌。可这到底是怎么回事呢？我绞尽脑汁也想不起来，在写《霜王》之前究竟读过什么与霜有关的书。我什么也想不起来，只模糊记得有个叫杰克·弗罗斯特的人写过一首名为《霜之奇想》的儿童诗，而我确定没有把它用到《霜王》里去。

一开始，阿纳格诺斯先生似乎是相信我的，虽然他也深受困扰，但他对我异常温和、亲切，我头顶的阴影暂时消减了。这件事发生不久之后，是华盛顿诞辰庆典，为了让他开心，我强颜欢笑，盛装出席。

我在盲女童演出的一场假面剧中扮演谷物女神。我清楚地记得，那天我身着优雅的衣裙，头戴金灿灿的秋叶扎成的花环，脚边与手上满是水果和谷物。可是，在虔诚的面具之下，我却生出将要病倒的压迫感，心情十分沉重。

庆典前夜，学校的一位老师问我《霜王》的事。我告诉她，沙利文小姐曾和我说过杰克·弗罗斯特和他的大作。我的话让她觉得，她探出了我的忏悔之意，我确实记得坎比小姐的《霜仙》。于是，尽管我一再重申她理解错了，但她还是把她的结论告诉了阿纳格诺斯先生。

对我慈爱有加的阿纳格诺斯先生认为我欺骗了他，对我渴望同情、表示无辜的恳求置若罔闻。他相信，或者至少怀疑，沙利文小姐和我故意窃取别人闪光的思想并欺骗他，以博取他的赞赏。我被带到由学校教职人员组成的调查组面前，沙利文小姐被要求回避。接着，调查组反复盘问我，我觉得他们是决意逼我承认，我记得有人给我读过《霜仙》。我感觉到每个问题都透露出他们的怀疑和不信任，我还感觉到一位慈爱的朋友正用责备的眼神看着我，那难受劲真是无法言喻。全身的血液都涌向了心脏，心怦怦乱跳。我结结巴巴，一个词也说不全。即使我意识到那只是一个可怕的错误，也丝毫不能减轻自己的痛苦。盘问终于结束了，我头昏脑涨，根本没有注意到沙利文小姐的爱抚和朋友们亲切的话语，他们安慰我是个勇敢的小姑娘并以我为荣，我什么也没听见。

当晚，我躲在床上痛哭流涕，少有孩子哭得像我那么伤心。我浑身冰凉，觉得自己活不到明天早上，这种想法倒使我松了口气。我想，如果这件伤心事发生在我长大以后，一定会使我精神崩溃无法自拔的。可是，忘却天使将那些伤心日子里的大部分悲惨和全部痛苦都带走了。

沙利文小姐从来没有听说过《霜仙》的故事或是收录此篇的那本书。在亚历山大·格雷厄姆·贝尔博士的帮助下，她仔细地调查了整件事，最后发现，1888年，我们与索菲亚·C.霍普金斯夫人一起在布鲁斯特海滨度假时，她正好有一本坎比小姐的《小鸟和它的伙伴们》。现在霍普金斯夫人已经找不到那本书，但她告诉我，那时候当沙利文小姐离开我去休假时，她就从各种书里找有趣的内容读给我解闷。她也不记得是否曾为我读过《霜仙》，但她确信她读过《小鸟和它的伙伴们》这本书。这本书不见了，是因为不久前她卖房子时，处理掉了大量诸如旧课本和童话故事之类的青少年读物，那本《小鸟和它的伙伴们》很有可能就在其中。

当时那些故事并没有给我留下多少印象，但其中陌生词汇的拼写却足以使百无聊赖的我产生兴趣。当时读故事的情形我现在一点也想不起来了，可我还是觉得，我花了大力气记住那些词汇，是为了让沙利文小姐休假回来后解释给我听。有一点可以确定，故事的语言在我脑海中留下了不可磨灭的印象，只是一直无人知晓，甚至我自己也没有意识到。

沙利文小姐回来后，我没有跟她提起《霜仙》，也许是因为她立刻为我读的《小爵爷方特勒罗伊》占据了我的满心满脑，把其余东西都挤掉了。但不可否认的是，我听过坎比小姐的故事，在我忘了这个故事很久之后，它又自然而然地从我的脑海里冒了出来，所以我丝毫没有怀疑它是别人写的作品。

在那段痛苦的日子里，我收到了许多充满关爱和同情的问候。除了一个人外，所有的挚友至今都与我保持着友谊。

坎比小姐亲自写给我的话里充满了善意："终有一天，你会写出属于自己的伟大作品，它将成为许多人的慰藉和帮助。"不过，这类预言从未实现，我不再为了游戏的快乐与文字打交道。事实上，那件事后我总是被恐惧折磨，生怕写出来的东西不是自己的。很长一段时间里，即便是给妈妈写信，我也会突感不安，一遍遍检查句子，直到确信自己未曾在某本书中读到过这些话。要不是沙利文小姐坚持不懈的鼓励，我想我早已完全放弃了写作。

后来，我读了《霜仙》，也读了自己写的一些借鉴了坎比小姐其他想法的信件。我发现其中一封于1891年9月29日写给阿纳格诺斯先生的信中，措辞和情感与坎比小姐书中的内容完全一样。当时，我正在写《霜王》，这封信和很多别的信一样，其中包含的语句说明我满脑子都是那篇故事。我假想自己是沙利文小姐，向自己描绘金灿灿的秋叶："是的，夏日已逝，美丽的秋叶足以安抚我们。"——这正是坎比小姐故事中的思路。

吸收喜欢的内容，然后转化成自己的想法再写出来，这种习惯在我早期的书信和写作中常常能看到。在一篇写希腊和意大利古城的文章中，我借用了某种铺陈渲染的描写，再进行我自己的转化，但是来源都记不得了。我知道阿纳格诺斯先生喜欢古迹，对意大利和希腊情有独钟、推崇备至。于是，我从自己所读的书中收集了所有我觉得他会喜欢的诗歌和历史。阿纳格诺斯先生在谈及我关于古城的文章时说："这些想法本质上充满了诗意。"但我不明白，他怎么会认为一个十一岁的盲聋孩子能无端想象出那些情景。不过，我也认为，不能因为这些思想非我原创，就说我的小文章索然无味。我的写作表明，我能够用清晰而形象的语言表达自己对美好而富含诗意的思想的欣赏。

那些早期的文章是智力训练。和所有缺乏经验的年轻人一样，我通过吸收和模仿，把思想转化为文字，达到学习的目的。但凡书中有令我感兴趣的东西，都会被我自觉或不自觉地记下来，化为己用。正如史蒂文森所说，初涉写作之人本能地试图模仿其所仰慕之作，并将仰慕之情衍化为令人惊叹的各种作品。即使是伟大的作家，也只有在经年累月的训练后，才能学会驾驭经由各种渠道习得的文字功夫。

恐怕我到现在也尚未完成这一过程。我确实常常无法分辨自己的思想与从书中获得的思想，因为书中的思想已经融入我的大脑，成为我的精神实质。因此，在我所写的几乎所有作品里，总有些东西像我初学缝纫时乱七八糟的杂色拼布，用各色零零碎碎的布头拼接而成——其中不乏精美的丝绸和天鹅绒，但占主角的总是摸起来不太舒服的粗布。同样，我的作品主体是我自己的粗鄙见解，但也夹杂了我读过的他人的真知灼见和更成熟的观点。依我之见，写作的一个极大困难在于，当我们的脑子犹如一团乱麻时，如何用学到的语言表达困惑的、处在感情和思想交集之中的东西。写作就像拼七巧板，脑海里先有一幅图案，然后试图用文字描绘出来。但有时用词不当，有时词不达意，结果与构思相去甚远。但我们锲而不舍，因为我们知道别人能成功，凭什么我们要认输。

史蒂文森说："除非天生是这块料，否则没有创新的可能。"虽然我没有天赋的才能，但还是希望有朝一日突破天赋的局限，也许就能写出自己的思想和经历。同时，我相信自己，充满希望，坚持不懈，不让《霜王》事件的痛苦记忆阻挡我的脚步。

因此，这段伤心的经历未尝不是一件好事，它让我思考写作上的一些问题。唯一的遗憾是，我失去了一位最亲爱的朋友阿纳格诺斯先生的友谊。

我在《妇女之家》杂志上发表了《我的生平》后，阿纳格诺斯先生在给梅西先生的一封信中表示，他相信在《霜王》一事中我是无辜的。他说，我面对的调查小组由八人组成，四名盲人，四名正常人，其中四人认为我知道坎比小姐的那篇故事，其余四人则不赞同这一判断。阿纳格诺斯先生申明，他投了支持我的票。

然而，不论此事结果如何，也无论他站在哪一方，当我走进那个他常放下手头的工作、抱我在膝头玩耍的房间时，我感觉到里面是怀疑我的人，弥漫着带有敌意和威胁的气氛，随后发生的事也印证了我的直觉。事发后的两年间，他似乎是相信沙利文小姐和我的清白的，但后来不知为什么，他显然改变了先前的看法。我也不清楚调查的细节，甚至叫不出没有与我说过话的调查组成员的名字。当时我太激动了，顾不上注意其他的事；而且我也太害怕了，无法提出异议。事实上，我几乎想不起来自己说了什么，他们又对我说了什么。

我把《霜王》一事记录于此，因为此事对我的生活和教育意义重大；为了避免误解，我将事情的来龙去脉如实陈述，绝无为自己辩解及埋怨他人之意。

第十五章

《霜王》事件后的那年夏天和冬天，我与家人在亚拉巴马州度过。那次回家的经历想起来就很令人愉悦。万物复苏，鲜花盛开。我满心欢喜。《霜王》被我抛到了脑后。

当大地落满火红和金黄的秋叶，花园尽头的藤架上麝香葡萄在阳光下呈现金棕色，我提笔写下我的生活经历——这离我写《霜王》已有一年时间。

我依然对我所写的一切非常小心谨慎。我所写的东西可能不完全是我的，这个念头一直挥之不去。除了沙利文小姐，没有人知道我的惶恐不安。这种奇怪的神经过敏让我根本不敢提到《霜王》。有时，在谈话过程中有灵感突现，我就会轻轻地在她的手心里拼出这句话："我不能肯定这是我自己的思想。"或者，有时写着写着，我会自言自语道："假如有人发现这些东西早就有人写过了！"恐惧像调皮的孩子般牢牢缚住了我的手，叫我一整天都无法提起笔来。时至今日，我仍常常感到同样的不安与焦虑。沙利文小姐想尽办法宽慰我，帮助我，但那次可怕的经历给我留下了难以磨灭的印记，我现在才逐渐明白它对我的影响有多大。

为了使我重拾自信，沙利文小姐说服我为《青年之友》写一篇关于我生活的小文章，当时我十二岁。回顾自己当时写那篇小文章的种种挣扎，我觉得自己一定是预见了创作所带来的慰藉，否则肯定是写不出来的。

在沙利文小姐的鼓励下，我战战兢兢、诚惶诚恐却坚定不移地动笔了。沙利文小姐知道，我只要坚持下去，就能再次找回精神依托，掌握写作能力。在《霜王》事件之前，我还是个懵懂无知的孩子；现在，我的思想转向内省，并思考事物的本质。渐渐地，我从那段经历的阴影中走了出来，经过磨炼的心智更为清醒，对生活的领悟更为真实。

1893 年有两件头等大事：在克利夫兰总统就职典礼期间前往华盛顿，以及参观尼亚加拉大瀑布与世界博览会。在这样的情况下，我的学习时常中断，一推就是好几周，因此我没法连贯地讲述其间的事情。

我是三月份去的尼亚加拉大瀑布。站在美国这一侧的大瀑布悬崖上，只觉得空气震颤、大地撼动，澎湃的心情非笔墨可以形容。

许多人也许觉得奇怪，像我这样的人如何领略尼亚加拉大瀑布的壮美呢？他们老是这样问我："这幅美景或那首曲子对你意味着什么？你既看不见波浪汹涌，也听不到波涛怒吼。它们对你意味着什么呢？"答案再明显不过，它们于我就是一切。它们的意义是无法定义和估量的，正如我无法看透也无法定义爱、宗教和善良一样。

接下来的夏天，沙利文小姐和亚历山大·格雷厄姆·贝尔博士陪着我，一起参观了世界博览会。小时候的无数幻想在这里变成了美妙的现实，那段时光在我心里留下了纯粹的欢乐。每天我都在想象中周游世界，看见各种来自地球最遥远国度的奇迹——神奇的发明，工业的成果，人类生活的智慧结晶，这一切都在我的指下呈现。

我喜欢去大道乐园。那里就像《天方夜谭》一样，充满了各式新奇而有趣的玩意儿。那里有供奉着湿婆神和象神的神秘的集市，再现了我看过的书中记载的印度；还有开罗城的模型，里面有金字塔和清真寺，以及长长的骆驼队；再过去是威尼斯的水道，每晚我们都在城市与喷泉的璀璨灯火中泛舟。我还登上了一艘维京人的海盗船，它就矗立在那些小船不远处。在波士顿的时候，我曾经登上过一艘战舰，这令我对维京人的海盗船上掌管一切的水手产生了兴趣——无论是狂风暴雨还是风平浪静，水手是如何怀着一颗无畏的心勇往直前的。他高喊着："我们就是大海！"追逐着与他呼应的人。他不像如今那些迟钝的机器附庸品那样，而是凭借丰富的经验与强健的体魄与大海搏斗，无比自信，斗志高昂。这正应验了老话："人只对人感兴趣。"

在离海盗船不远处，我仔细研究了一艘"圣玛丽亚号"帆船的模型。船长领着我参观了当年哥伦布住过的船舱，桌上放着一个沙漏。这个小器具给我留下了最深的印象，因为它勾起了我的想象：当绝望的船员们正谋划着取他性命时，这位英勇的航海家看着沙漏里一颗颗微粒的落下，一定觉得心力交瘁吧。

世博会主席希金伯丹先生仁慈地特许我触摸展品，我急切地用手指感受博览会上陈列的奇珍异品，其贪婪之状犹如当年皮萨罗劫掠秘鲁的宝藏一般。整个世博会就像触手可及的万花筒，宛如西方的纯净之都。每件展品都让我着迷，尤其是法国的青铜像，如此栩栩如生，让人觉得是艺术家见到了误入凡尘的天使，以人形塑之。

在好望角展厅，我深入地了解了钻石的开采过程。一有机会，我便用手触摸正在运转的机器，以便更清楚地知道矿石是如何称重、切割和抛光的。我还亲自在淘洗槽里摸到了一颗钻石呢——他们都说这是在美国参展的唯一一颗真钻。

贝尔博士一直陪着我们，兴致勃勃地向我描述最有趣的展品。在电器大楼，我们仔细地观察了电话、自动电话、留声机及其他发明。贝尔博士让我理解了如何突破时空的限制，使得人们可以通过电线传递信息。这就好像普罗米修斯从天界盗取火种一样伟大。我们还参观了人类学展区，我对墨西哥的古代遗迹颇感兴趣。粗糙的石器是那个时代留下的唯一见证，也是为大自然未开化的子孙竖立的纪念碑（这是我触摸石器时的感慨）。帝王将相的纪念碑终会化为一抔尘土，而这些石器却将永世留存。但我对埃及的木乃伊则是敬而远之。这些古代遗迹让我更多地了解人类的文明进程，其中许多是我从未听闻过的。

所有这些经历大大丰富了我的词汇。在世博会度过的三个星期，我从一个只对童话故事和玩具感兴趣的孩童，一跃成长为懂得欣赏存在于平凡世界中的真实与热忱的大人。

第十六章

到 1893 年 10 月前，我已断断续续地自学了许多科目。我阅读了希腊、罗马和美国的历史。我有一本法语的盲文语法书，而且也学了点法语，我时常为了自娱自乐，用随意想到的生词在脑子里做一些小练习，尽量不去想那些语法规则和其他技巧问题。我甚至试着在无人帮助的情况下掌握法语的发音，因为我在那本语法书里发现了所有的字母和发音的讲解。当然，对于宏大的目标来说，这些努力是远远不够的，但这好歹让我在下雨的日子里有事可做。我掌握的法语足够让我愉快地阅读拉封丹的《寓言》，莫里哀的《屈打成医》，以及拉辛《阿达莉》中的片段。

我也花了大量时间提高说话的能力。我对着沙利文小姐大声朗读，背诵我最喜欢的诗歌；她为我纠正发音，教我断句和语言的屈折变化。但是直到 1893 年 10 月，我从参观世博会的疲劳和兴奋中恢复过来之后，才开始在固定的时间学习一些特殊的课程。

沙利文小姐和我当时正在宾夕法尼亚州的赫尔顿，客居在威廉·韦德先生家。他家的邻居艾恩斯先生是一位出色的拉丁语学者，于是他们安排我跟他学习拉丁语。在我的记忆中，他的性格少有地温和，而且见多识广。他主要教我拉丁语法，但也常常辅导我学算术，我觉得算术真是枯燥又讨厌。艾恩斯先生和我一起读丁尼生的《悼念》。我之前读过许多书，但从未以评论的角度看待作品。这是我第一次学着了解一个作家，分辨作家的风格，这感觉就像根据握手辨认朋友一样。

起初，我不太愿意学习拉丁语法。明明词义一目了然，可遇到的每个词都要分析——什么名词、所有格、单数、阴性——真是浪费时间，荒唐得很。这样，不妨通过描写我的宠物来介绍一下拉丁语法吧——目：脊椎动物；门：四足动物；纲：哺乳动物；属：猫科；种：猫；具体到我那只：虎斑猫。但随着学习的深入，我越来越有兴趣，拉丁语之美使我陶醉。我常常读些拉丁语文章来自娱自乐，把其中认得的词挑出来体会其中的含义，这种消遣我一直保持至今。

我想，最美妙的事莫过于用刚刚学会的语言捕捉倏忽而逝的影像和情感——那些掠过脑海、用狂野的幻想为之塑形和上色的思想。上课时，沙利文小姐坐在我身边，把艾恩斯先生说的话拼在我手心，并帮我查找生词。在启程返回亚拉巴马老家时，我已开始阅读恺撒的《高卢战记》。

第十七章

1894 年夏天，我出席了在肖托夸市举办的美国聋哑人语言教学促进会。会议方安排我去纽约市莱特·赫马森聋哑学校。1894 年 10 月，我在沙利文小姐的陪同下，前往这所专门选择的学校，目的是充分体验那里的发声文化，并在唇读方面得到最好的训练。除了这些科目外，在校两年期间我还学习了算术、自然地理、法语和德语。

我的德语老师瑞米小姐懂手语。我掌握了一点德语词汇后，我们一有机会就在一起用德语交谈。几个月后，她说什么我几乎都能明白了。在第一年的学习快结束时，我怀着极大的喜悦读了歌剧《威廉·退尔》。事实上，我觉得我在德语学习上取得的进步要远远超过其他学科。相比来说，我发现法语难多了。我跟随奥利维尔夫人学习法语，她不懂手语，因此只能口头授课。读懂她的唇语并不容易，所以同德语相比，我的法语进度要慢得多。尽管如此，我还是设法重读了《屈打成医》。这本书相当有趣，但相比之下，我还是更喜欢《威廉·退尔》。

我在唇读和说话方面的进步没有达到老师们的希望和

自己的预期目标。我的志向是像正常人一样说话，老师们相信我能做到。但尽管我们同心协力，我们却没有完全实现目标。我觉得是因为目标设定得过高，故而失望在所难免。我仍旧把算术看作一门充满陷阱的学科。我避开宽阔的推理领域，徘徊在危险的"猜测"边境地带，给自己和他人带来了无尽的烦恼。不做猜测时，我就乱下结论，这个毛病加上自身愚钝，令我的算术学习多了很多本不应该也无必要的困难。

虽然这些失望常常使我相当沮丧，但我对其他科目的学习兴趣丝毫不减，尤其是自然地理。了解自然的奥秘是一种乐趣：风是如何——就像《旧约全书》中用生动的语言描绘的那样——从天堂的四个角落吹向大地，水蒸气如何从大地的尽头升上天空，河流如何在岩石罅隙间穿行，山峦如何化为平原，人类又是如何战胜比自己强大的自然之力。两年的纽约求学生涯是快乐的，每每想起，我都由衷地开心。

我尤其记得我们每天一起去中央公园散步的情景，那是纽约城里唯一令我感到舒适的地方。在这个大公园里我从未遗漏掉一星半点快乐。每次走进公园，我都喜欢听人描述它的景致，因为那里无处不美。我在纽约的九个月里，每天都感受着它的不一样的美。

春天里，我们去各处风景名胜远足。我们在哈得孙河上泛舟，在布莱恩特所吟唱的绿草如茵的岸边徜徉。我喜爱河边峭壁那朴素而狂野的雄浑之美。我们还参观了西点军校，游览了华盛顿·欧文的家乡塔里敦，走过了他笔下的"睡谷"。

莱特–赫马森聋哑学校的老师们始终想着，如何让学生们享有与听力正常的孩子相同的学习机会——即使是年龄很小的同学，也要充分挖掘他们不被看好的倾向和被动记忆的能力——从而引领他们走出先天缺陷所造成的困境。

在我离开纽约前，明媚的日子蒙上了阴云。除了父亲去世，我从未承受过如此巨大的悲伤。1896年2月，波士顿的约翰·P.斯伯尔丁先生辞世。只有那些最了解、最爱戴他的人，才会理解他对我的友谊是何等重要。他总是优雅而谦逊地把愉悦带给每一个人，对我和沙利文小姐极为仁慈和温柔。只要想到有他的关爱，知道他在密切关注着我们困难重重的学习进展，我们就信心百倍。斯伯尔丁先生的离去给我们的生活留下了无法弥补的巨大空白。

第十八章

1896 年 10 月，我进入剑桥女子学校学习，为升入拉德克利夫学院做准备。

我小时候在韦尔斯利大学参观时，曾经语出惊人："将来我要上大学——但是我去的是哈佛！"当朋友问我为什么不想上韦尔斯利大学时，我回答说因为那里只有女生。尽管要面对真诚而明智的朋友们的强烈反对，上大学的念头还是在我心里扎下了根，变成一种执念，激励着我与正常的女生竞争学位。当我离开纽约时，上大学的想法已经成为一个既定的目标，我决定前往剑桥女校，这是实现我上哈佛的童年宣言最近的一条路。

在剑桥女校，我让沙利文小姐和我一起上课，把课堂内容解释给我听。

当然，老师们只有教授正常学生的经验，我与他们交流的唯一方式就是唇读。我第一年学习的课程包括英国历史、英国文学、德语、拉丁语、算术、拉丁语写作和偶尔的主题习作。此前，我从来没有上过大学预科课程，但是我的英语接受过沙利文小姐的良好训练，老师们很快就发现，除了大学指定的课本研读外，我不需要专门上英语课。此外，我的法语学习起点很高，还学过六个月拉丁语，而德语更是我最熟悉的科目。

然而，尽管具备了这些优势，我的学习过程中依然存在着很严重的障碍。沙利文小姐无法把所有我需要读的书拼写在我手上。尽管我在伦敦和费城的朋友愿意赶工，也很难及时将这些课本转换成盲文以解我的燃眉之急。我只能暂时将拉丁文誊抄成盲文，这样我就能和其他女生一起背诵了。老师们很快就熟悉了我那不完美的语音，能够毫无困难地解答我的问题并纠正我的错误。我无法在课堂上记笔记或做练习，但是我回到家后，会用打字机完成所有的作文和翻译。

沙利文小姐每天都陪我上课，无比耐心地把老师们讲的所有内容拼写在我手上。其间，她还要帮我查生词，一遍又一遍地为我朗读笔记和尚未转成盲文的课本。这种工作的单调和艰辛是常人难以想象的。我的德语老师格罗特夫人和校长吉尔曼先生，是学校里仅有的两位能用手语授课的老师。没有人比格罗特夫人更能体会到她在我手心的拼写是多么缓慢，多么不熟练，可她仍不辞劳苦地一周两次专门为我上课，拼读出课堂内容，好让沙利文小姐可以稍作休息。不过，虽然每个人对我们都很友善，乐于相助，但只有自己一个人能够把苦差变为乐趣。

那一年，我完成了算术课程，复习了拉丁语语法，读了三章恺撒的《高卢战记》。在德语方面，我半靠手指摸索，半靠沙利文小姐的帮助，读了席勒的《钟之歌》和《潜水者》、海涅的《哈尔茨山游记》、弗赖塔格的《从腓特烈大帝的国度来》、里尔的《美的诅咒》、莱辛的《明娜·冯·巴尔赫姆》，以及歌德的《诗与真》。我兴致勃勃地阅读这些德语书籍，尤其是席勒美妙绝伦的抒情诗、腓特烈大帝的丰功伟绩以及歌德的生平故事。我依依不舍地读完了《哈尔茨山游记》，这部作品妙语连珠，引人入胜——长满藤蔓的山丘，阳光下溪流潺潺，水波潋滟，富有传奇色彩的古老蛮荒之地，存在于想象力丰富的年代却消失已久的灰衣姑娘——只有那些对自然"有感觉，有热爱，有渴望"的人，才能写出如此动人的篇章。

吉尔曼先生教了我几个月的英国文学。我们一起阅读《皆大欢喜》、伯克的《与美国和解》，以及麦考利的《塞缪尔·约翰逊传》。吉尔曼先生对历史和文学博学多识，他精妙的讲解让我的学习轻松愉快很多，效果远胜于机械而死板地阅读课堂上带有简要注释的讲义。

在我所读过的政治著作中，伯克的演说最具启发意义。我的心潮随着那动荡的时代而起伏，在两个对抗民族的风起云涌中，许多人物似乎都在我眼前活了过来。我越读越不解的是，面对伯克激昂雄辩的演说，乔治国王和他的大臣们怎能对其警示性的预言充耳不闻，置美国的胜利和英国的耻辱于不顾呢？随后，我对这位大政治家的党派立场和人民立场之间的关系有了更细节的了解，像他那样代表真理与智慧的珍贵种子，竟会落入无知腐烂的稗草堆里，不仅令人觉得奇怪，更让人扼腕叹息。

麦考利的《塞缪尔·约翰逊传》则有另一种趣味。我同情这个在格鲁布大街忍受着苦难的孤独男人，他在身心遭受双重残酷折磨时，却始终对穷人和下层人给予安慰，施以援手。我为他的所有成功欢喜，对他的过失视而不见，他有这些失误并不奇怪，奇怪的是这些失误竟然没能打垮他，没能影响他灵魂的伟大。尽管麦考利才华横溢，具有令人钦佩的化腐朽为神奇的能力，但他的自负有时让我厌倦，对于他牺牲真理以迁就实用的惯常做法，我一直抱有怀疑的态度，全然不同于我在听过这位"英国的德摩斯梯尼"演说后的崇敬之情。

在剑桥女校，我生平第一次享受到与同龄正常女孩一起生活的乐趣。我和几个同学住在邻近学校的一所像家里一样舒服的房子里，这里是豪威尔斯先生曾经住过的地方。我和她们一起游戏，甚至玩起了捉迷藏和打雪仗；我与她们携手漫步，走得很远；我们还一起讨论功课，高声朗读感兴趣的文章。有些女孩学会了同我交谈，无须沙利文小姐再翻译一遍。

圣诞节期间，母亲和小妹妹来陪我过节。吉尔曼先生主动提出让米尔德里德在他的学校读书。这样，米尔德里德和我形影不离地在剑桥度过了愉快的六个月。回忆起我俩互助学习、共同娱乐的日子，真是令人开心。

1897年6月29日到7月3日，我参加了拉德克利夫学院的入学初试。考试科目包括初级和高级德语、法语、拉丁语、英语，以及希腊和罗马历史，总共考了9个小时。结果我门门合格，德语和英语还得了"优"。

这里对我参加考试的方法做一番解释，或许并无不妥之处。考试要求学生在 16 个小时内完成——包括初级考试 12 个小时和高级考试 4 个小时。一次考试至少要 5 个小时才有效。试卷于早上九点从哈佛发出，由专人送到拉德克利夫。每个考生的姓名保密，只提供考生号。我是 233 号，但我需要使用打字机，所以我的身份是公开的。

因为打字机的敲击声会影响到同场考试的女生，校方认为让我在一个单独的房间里考试比较明智。吉尔曼先生用手语为我读出所有考题。房门口还设置了一名守卫以防干扰。

第一天是考德语。吉尔曼先生坐在我身边，先通读一遍试卷，然后一句一句地分开读，同时我大声复述，以确保我完全听懂了。卷子有难度，我在打字机上打出答案时，心里很紧张。吉尔曼先生把我打出来的答案拼给我，我告诉他我觉得有必要修改的地方，由他改上去。在这里我想说的是，我之后的考试再也没有享受过这样的优待。在拉德克利夫学院，我答完题后没有人帮我读出我写的答案，我没有机会改正错误，除非我提前做完试卷。在那种情况下，我只能在有限的几分钟里修改能够想得起来的疏漏之处，把更正的答案注在试卷末尾。如果说我的初试成绩比复试好的话，原因有二：其一，在复试中没有人把我打出的答案读给我听；其二，初试中的一些科目我在进入剑桥女校前就有一点基础，当年年初我就已经通过了英语、历史、法语和德语的考试，吉尔曼先生给我用的正是哈佛往年的试卷。

吉尔曼先生把我的答卷交给考官，并附上证明，说完成这些答卷的是我，233 号考生。

　　其他初试科目以同样方式进行，但都没有第一场考试那么难。我记得发拉丁语试卷时，席林教授走进来告诉我，我的德语以优异的成绩通过。这给了我极大的鼓舞，于是我轻松而稳定地完成了余下的重要考试。

第十九章

在吉尔曼学校开始第二年学习时，我心中满怀希望，决心获得成功。但最初几周里，我遇到了意想不到的困难。吉尔曼先生认为我当年要以学习数学为主。我的课程有物理、代数、几何、天文、希腊语和拉丁语。遗憾的是，我没能在开课前及时得到许多所需的盲文书，而且我还缺少部分科目重要的学习用具。我所在的是大班，老师不可能为我专门授课。沙利文小姐只能把所有课本读给我听，并翻译老师的讲解。十一年来，她那双灵巧的手第一次显得力不从心。

代数、几何运算以及物理的求解必须在课堂上完成，但是我无法做到，直到我们买了一台布拉耶盲文书写器，我才能写下自己解题的每一个步骤。我看不见黑板上画的几何图形，唯一弄懂图形的方法是在坐垫上用直的或弯的铁丝拗出几何图形。这些铁丝有的两头弯弯，有的两头尖尖。正如基思先生的报告所说，我得记住图形的符号、假设与结论、架构和证明步骤。总之，对我来说，每门功课都有障碍。有时，我气馁到极点，流露出至今回想起来都羞愧万分的情绪，尤其是我竟然将坏脾气撒向了沙利文小姐，这个在所有好友中唯一能为我捋顺困难、披荆斩棘的人。

但渐渐地，这些困难开始消失。盲文书和其他学习用具到了，我重振信心，投入学习中。代数和几何是仅有的想破脑袋也无法理解的科目。正如我先前所说，我没有数学头脑；盲文书上的不同凸点也未能如我所愿解释清楚。那些几何图形尤其令人头痛，因为我看不见各部分之间的关系，即使在坐垫上拼图也不行。直到基思先生来了之后，我才对数学有了清晰的概念。

我才刚刚开始克服这些困难，又发生了一件意外，让一切都发生了变化。

就在我需要的书送到之前，吉尔曼先生因我过度用功而责备了沙利文小姐，而且不顾我的恳切抗议，减少了我背诵课文的次数。我们最初曾达成一致，如有必要，我可以花五年时间备考大学。但第一年年终的优秀成绩，向沙利文小姐、哈博小姐（吉尔曼先生聘用的校长）和其他人证明，只要适当努力，我再读两年即可考大学。吉尔曼先生本来赞同这一点，但看到我的功课进展不够顺利，便认定我用功过度，坚持让我在他的学校再读三年。我不喜欢他的计划，因为我希望与同班同学一起升入大学。

11 月 17 日那天，我有点不舒服，没有去上学。虽然沙利文小姐知道我并无大碍，但吉尔曼先生听到消息后就断言我的身体被功课压垮了，于是调整了我的课业安排，以致我无法随班参加期末考试。吉尔曼先生和沙利文小姐之间的分歧，最终导致了母亲把我和米尔德里德从剑桥女校一同接走。

耽搁了一些日子后，我被安排在剑桥女校的默顿·S.基思先生门下学习。沙利文小姐和我在朋友钱伯林家过完了这一年的冬天，他家在距离波士顿二十五英里远的伦瑟姆。

1898 年 2 月到 7 月，基思先生每周来伦瑟姆两次，教我代数、几何、希腊语和拉丁语。沙利文小姐把他的授课内容翻译给我。

1898 年 10 月，我们返回波士顿。接下来的八个月，基思先生每周给我上五次课，每次大约一小时。每次上课，他都会解答我上一节课不明白的地方，布置新作业，把我在这周内用打字机完成的希腊语练习带回家，认真批改后再发还给我。

我为考大学所做的准备，就这样一直无间断地进行着。我觉得自学比在课堂学习更容易，也更快乐，没有仓促感，也不会思维混乱。老师有充裕的时间讲解我不明白的地方，所以跟在校学习相比，我学得更快更好。数学依然是所有科目中最为棘手的。代数和几何要是有语言和文学一半容易也好啊。但即使是数学，基思先生也能教得有趣；他把问题分解，使难度降到我的脑子能理解的最低难度，让我的思维保持机敏和跃跃欲试，训练我严密推理，冷静而合理地推导结论，而不是不着边际地胡乱猜想。不论我表现得有多迟钝——相信我，我的愚笨换了约伯也会失去耐心——他都一如既往地温和而宽容。

1899 年 6 月 29 日和 30 日，我参加了拉德克利夫学院的入学复试。第一天考初级希腊语和高级拉丁语，第二天考几何、代数和高级希腊语。

校方不允许沙利文小姐为我读试卷，因此请来了柏金斯盲校的老师尤金·C. 瓦伊宁先生为我用美式布拉耶盲文抄写试卷。瓦伊宁先生对我来说是个陌生人，除了写盲文外不能与我交流。监考的也是个陌生人，同样不打算以任何方式与我交流。

布拉耶盲文在语言上十分有效，但用在几何和代数上就有问题了。我浪费了许多宝贵的时间，尤其是代数，让我非常困惑，灰心丧气。我确实很熟悉所有美国通用的文字布拉耶盲文——英式、美式以及纽约浮点式。但是，在这三大体系中，几何和代数的各种符号和标记大不相同。我在代数中只用过英式盲文。

考试前两天，瓦伊宁先生给我寄来一份哈佛以前的盲文版代数试卷。当我发现试卷是用美式盲文标注的时候，我整个人都慌了。我立刻坐下来给瓦伊宁先生写信，请他解释那些符号的意思。回信中，他给我寄来了另一份试卷和一张符号表。于是我开始学习这些盲文符号。但是，代数考试前一晚，我还在拼命弄清那些复杂符号的意思，压根儿分不清括号、大括号和根号的符号组合方式。基思先生和我都很苦恼，我们对第二天的考试有不祥的预感。不过，我们比考试时间提早了一会儿到校，向瓦伊宁先生详细地请教了美式盲文的数学符号。

几何考试的主要困难是，我过去一直习惯于按打印格式阅读命题，或者让人把命题拼写在我手上；但不知道为什么，考试的时候，明明题目就摆在我面前，我却觉得这些盲文混乱得很，读过的题目在脑子里搅作一团。可是，当我考代数时，情况更糟了。那些我头天晚上才刚刚死记硬背，还自以为掌握了的符号，让我非常困扰。而且，我看不见自己用打字机打出的答案。我以前总是用布拉耶盲文演算或者心算。基思先生过于信任我的心算能力，未曾训练过我如何书写答卷。因此，我的答卷过程无比痛苦、缓慢。我不得不一遍遍地阅读范例，才能明白题目要求。说实话，到现在我也不敢肯定是否弄清了所有符号，不出错着实很难。

不过，我不会指责任何人。拉德克利夫学院的管理委员会没有意识到他们为我设置的考试有多难，也不能理解我要克服怎样特殊的困难才能完成考试。但就算他们无意间给我设了拦路虎，想到已将它们全都战胜，我心甚慰。

第二十章

考大学的煎熬结束了，现在我随时可以进入拉德克利夫学院。可是入学前，大家都建议我最好跟着基思先生再学一年，于是直到 1900 年的秋天，我的大学梦才终于实现。

我至今记得进入拉德克利夫学院的第一天。期待多年的那一天对我来说充满了新奇。我的心里蕴藏着一股强大的力量，它比朋友们的规劝更具说服力，甚至比我自己内心的祈求更强烈，驱策着我竭尽全力向耳聪目明的人看齐。我明白前方困难重重，但我迫不及待地要将其战胜。我铭记一位罗马智者的话："若被逐出罗马，只不过是生活在罗马城外。"我就是被拒在知识的康庄大道之外，而被迫去走那人迹罕至的小路——即使如此，我也能完成我的旅程；我知道，大学里有许多这样的小路，我可以和像我一样思考、热爱和奋斗的女孩们携手并进。

我满怀热切地开始了大学生活。一个美丽而光明的新世界正在我面前敞开大门，我相信自己有能力掌握一切。在精神的奇迹之地，我与别人一样自由。这里的人民、风景、习俗、欢乐和悲伤也应该是真实世界生动、具体的反映。讲堂里充盈着先贤先哲的灵魂，教授们都是智慧的化身。如果我从此有了不同的学习方法，我是不准备告诉任何人的。

但是，不久我就发现大学并非我想象中的浪漫学府。曾给年幼无知的我带来欢乐的许多梦想，开始变得不那么美好，"在平淡无奇的日子里褪去了斑斓的色彩"。渐渐地，我开始感受到上大学的不利之处。

过去让我感触最深的是缺乏时间，现在依然如此。我曾经有时间思考、反省，与心灵对话。我们会在夜晚静坐，聆听心灵深处的天籁，这天籁只有在安闲的时刻才能听到，此时，心爱诗人的诗句温柔地拨动沉寂已久的灵魂深处的心弦。但在大学里，人们没有时间与心灵对话，似乎上大学只是为了学习，而不是为了思考。迈进大学学习的门槛后，人们将最可宝贵的乐趣——独处、书籍和想象——连同那喃喃低语的松林，一起留在了门外。我觉得应该这样安慰自己：我现在积累的财富是为着将来的享受。但我并无长远打算，故而宁可享受当下，也不愿未雨绸缪。

大学第一年的功课有法语、德语、历史、英语写作和英国文学。法语课上，我读了高乃依、莫里哀、拉辛、阿尔弗雷德·德·缪塞和圣伯夫的一些作品。德语课上，我读了歌德和席勒的作品。我快速重温了自罗马帝国衰落到18世纪的历史。英国文学课上，我评读了弥尔顿的诗歌和《论出版自由》。

常有人问起我是如何克服大学学习的种种不便的。当然，我在教室里其实是孤独的。教授遥不可及，他好像在电话那头讲课。授课内容会尽可能快地被拼到我的手上，为了拼命跟上授课速度，我完全顾不上了解授课老师的个性特点了。对于那些急速涌入我手心的字，我就像猎犬追逐野兔，常常望尘莫及。不过，我认为在这方面自己并不比会记笔记的姑娘差。如果一个人一边机械地听课，一边手忙脚乱地记笔记，是不可能把多少心思放到课堂的主题或该主题的呈现方式上去的。我无法在上课时做笔记，因为我的双手正忙于"听讲"。通常，我会在到家后把能记住的内容摘要记录下来。我在打字机上做习题，写每日短文和评论，完成测验、学期考试和学年考试，这样教授们就不难发现我的知识多么有限。我开始学习拉丁语韵律学时，设计了一套表示不同韵律和音长的符号体系，并解释给教授听。

我现在用的是哈蒙德打字机。之前试过许多牌子，哈蒙德最符合我学习的特殊需要。在这台机子上，可以使用活动字梭，所以使用者可以配好几套字梭，每一套都含有不同的字符——希腊语、法语或者数学字符，视使用情况来选择字梭。要是没有这种打字机，我都怀疑自己能否完成得了大学学业。

很多课程所需的书籍没有盲文版，我只得让人把内容拼写在我手上。因此，我要花比别的女生更多的时间准备功课。这种手工活动耗时甚巨，并且我还要面对别人没有的困扰。有时，一点细枝末节都要我付出很多精力，这不免让我急躁不安；有时想到自己得花几个小时才能阅读几章的内容，而在外面的世界里女孩们在欢笑，在歌舞，不免让我心有不甘。但我很快就摆正了心态，将愤懑一笑置之。毕竟，每一个渴望获得真知的人都要独自攀登"艰难之山"。既然没有一条通途直达顶峰，我就要以自己的方式曲折前行。我滑落过很多次，跌倒了，爬起来，向隐藏的障碍冲去；我大发脾气，又制服脾气，把它控制得更好一点；我奋力跋涉，小有收获，深受鼓励，越发渴望，越爬越高，渐渐看见了宽广的地平线。每一次抗争都意味着一次胜利。再加把劲，我就能抵达光明的云端、蓝天的深处、希望的顶峰。不过，这一路行来，我并不总是孤身一人。威廉·韦德先生和宾夕法尼亚盲人教育学院院长E.E.艾伦先生，为我提供了许多所需的盲文书。他们的体贴关怀给我带来了莫大的帮助与鼓励，这是他们永远也想不到的。

去年，也就是我在拉德克利夫的第二年，我学习了英语写作、英语《圣经》文学、美国和欧洲政权、贺拉斯的颂诗以及拉丁喜剧。写作课的气氛是最让人开心的，充满活力。课堂总是妙趣横生，生机勃勃，充满了诙谐机智；因为我们的老师查尔斯·汤森·科普兰先生与以往任何老师都不一样，他让你领略到文学最初的清新与力量。短短一个小时，没有多余的解释和说明，你可以尽情欣赏古典大师的永恒魅力。你沉醉于他们的杰出思想。你全心领略《旧约全书》的庄严之美，忘记了耶和华和伊洛希姆的存在。当你离开教室回到家里，你会感到自己已经"窥见精神与形体完美存在于永恒和谐中；真与美在时间的古老枝干上发出了新芽"。

这一年是最快乐的一年，因为所学的都是让我特别感兴趣的科目：经济学，伊丽莎白时期的文学，乔治·L.基特里奇教授主讲的莎士比亚，以及约西亚·罗伊斯教授主讲的哲学史。先前似乎与我们格格不入、缺乏理性的遥远时代的传统和思维模式，一个人可以通过哲学与之产生理解的共鸣。

然而，大学并不是我之前想的包罗万象的雅典。你在这里不会与先贤和先哲相遇，甚至感觉不到他们真实的存在。诚然，他们是存在的，不过似乎已经干瘪僵化。我们必须从知识的残垣断壁里一点点地汲取，再细细剖析，才能肯定拥有的是弥尔顿或以赛亚，而不只是精巧的仿品。在我看来，很多学者似乎忘了，要欣赏伟大的文学作品，更多依赖的是我们的共情领悟而非理解分析。麻烦的是，费尽口舌的讲解偏偏留不下什么印象，人们忘记这种讲解犹如枝头抛弃过熟的果子一般。一个人可能认识植株的花、根、茎等一切部位，及其生长的全过程，然而却不懂得欣赏花朵初沾天堂朝露之美。我不耐烦地反复问自己："为什么要在意这些解释和假设呢？"它们在我脑海中飞来飞去，像是失明的鸟儿徒劳地扇动翅膀。我不是要反对透彻地理解所读的名著，我反对的只是冗长无尽的评论和令人困惑的批评，因为那只教人明白一件事：一千个读者就有一千种观点。可是，当基特里奇教授这样的大学者阐释大师的著作时，则让人有"如醍醐灌顶"之感。他把作为诗人的莎士比亚重新呈现给了我们。

然而，有时候我渴望扫除一半要学习的知识，因为超负荷的大脑无法享受以最惨重代价获得的珍宝。我觉得，一天之内读四五本学科迥异、语言不同的书，而又不遗漏细枝末节，是根本不可能的。当一个人心里牵挂着大小考试，仓促而紧张地阅读时，就会在脑子里堆满许多杂乱无用的小摆设。当下，我的脑子里就塞满了乱七八糟的东西，根本无法理出头绪。每当踏入心灵王国的领域，我感觉自己就像谚语中闯进瓷器店的公牛。无数零零碎碎的知识就像冰雹一样没头没脑地朝我头上砸来，当我试图逃离时，论文和校园就像妖魔鬼怪一样紧追不舍，直逼得我真想把这些崇拜的偶像砸个粉碎——哦，请原谅我这邪恶的念头！

可大学生活中最恐怖的妖怪非考试莫属。虽然我经历过许多次考试，把它们打倒在地，让它们啃了一嘴泥，但是它们又爬了起来，面色苍白地向我扑来，吓得我像鲍勃·阿克斯一样灵魂出窍。折磨人的考试开始前的那些日子，我拼命往脑子里塞各种神秘的公式和难以消化的年代资料——味同嚼蜡，真想带着书本和科学一起葬身海底。

最后，可怕的时刻来临了。如果你觉得自己已准备就绪，能够适时想起合乎标准的思路，在考试的终极挑战中助你一臂之力，那你真是个幸运儿。而情况往往是这样：你奋力吹响号角，却无人理睬。最令人困惑和恼火的是，当你需要调动你的记忆力和缜密的分辨力的时候，这些能力竟然拍拍屁股弃你而去。你千辛万苦地装到脑子里的资料，在紧要关头却怎么也想不起来。

"简述胡斯及其作为。"胡斯？胡斯是谁？他做了什么？这名字看起来似曾相识。你在储备的史料里搜肠刮肚，就像在一个破布袋子里寻找一小块丝绸。你确信它在你脑袋顶部的某个地方——那天你在查找宗教改革发端的资料时还见过它。但它现在在哪儿？你翻出了所有鸡零狗碎的知识——历次革命、教会分裂、大屠杀、政权体制——但是胡斯，他在哪儿呢？你惊奇地发现，所有你掌握的知识，试卷上都没有考到。于是你绝望地把百宝箱里的东西统统倒出来，而你要找的那个人，就静静地坐在角落里，沉浸在自己的思绪中，完全没有意识到给你带来了多大的灾难。

就在这时，监考官通知你考试时间到了。你满怀厌恶，一脚把脑子里的垃圾踢到角落，然后回家。你一心谋划着一场革命，要废除学校教授不征求被提问的学生同意就发问的神圣权力。

在这一章的最后两三页里，我使用了一些形象的比喻，我想可能会引起嘲笑。哈，说曹操曹操就到——那些混合的比喻，指着受到冰雹和脸色惨白的怪物袭击而闯进瓷器店的公牛，在我面前冷嘲热讽，趾高气扬，你这不伦不类的东西！让它们嘲笑去吧。这些词语准确地描述了我四处磕绊、跌跌撞撞的生存环境，但我对它们不屑一顾。我郑重声明，我对大学的看法已经改变。

在进入拉德克利夫学院之前，大学生活对我来说自带浪漫的光环。如今，这光环已然消退。从浪漫到现实的转变过程中，我学到了许多东西。如果没有这段生活的考验，我是根本不会懂得的。其中一个收获便是宝贵的忍耐力，它教会我们把教育视作在乡间从容不迫的漫步，我们的思想乐于接纳万物。这样得来的知识犹如无声的潮汐，深邃的思想将我们的灵魂悄然浸润。"知识就是力量。"但是，知识更是快乐，因为拥有了知识——广博而深奥的知识——我们就能分辨真伪高下。认识了标志着人类进步的思想和行为，就触摸到了几个世纪以来人类的伟大脉动。如果一个人不能从这些脉动中感受到崇高的奋斗，那么他一定无法体会到生命的和谐乐章。

第二十一章

至此，我已把自己的生平作了一个概述。但我还没有告诉大家，我是何等的嗜书如命。这不仅是因为书籍给读者带来快乐和智慧，而且因为别人可以通过眼睛和耳朵获取的知识，我只能依靠书本得到。确实，书籍对我的教育所起的作用超过了对其他人的作用。这得从我开始读书时说起。

1887 年 5 月，七岁的我第一次读连贯的故事。从那一天起直到现在，我如饥似渴地阅读着我渴望的指尖所能接触到的一切印刷品。正如我说过的那样，我在早期教育阶段没有正规地学习过，所以阅读也是随心所欲的。

起初，我只有几本盲文书——几本启蒙读物，一本儿童故事集，还有一本名为《我们的世界》的关于地球的书。我想这就是全部了。我翻来覆去地摸索着读了又读，直到凸字被磨损得几乎无法辨认。有时候，沙利文小姐读书给我听，她把一些她觉得我能听懂的小故事和小诗歌拼写在我的手上。而我更愿意自己读，因为我喜欢一遍遍地读我喜欢的东西。

在第一次去波士顿时，我才真正开始认真读书。我可以每天在学校图书馆里待一段时间，在一个个书架间流连，手之所触，随意取阅。尽管一页里我能认得的字寥寥无几，但我确实在阅读。吸引我的是文字本身，我并未特意思考所读的内容。可能是当时我的脑子很好使，因为它居然记住了许多字词和完整的句子。虽然不解其意，但后来当我开始学习说话和写字的时候，这些字句会自然而然地脱口而出，令朋友们对我丰富的词汇量大感惊讶。我一定读过许多书的部分内容（我想我早期未曾完整地读过一本书），并以这种不求甚解的方式读了大量诗歌，直到发现《小爵爷方特勒罗伊》，我才第一次读懂了一本有意义的书。

有一天，沙利文小姐发现我在图书馆的角落里翻阅小说《红字》，当时我大约八岁。我记得她问我喜不喜欢书里的小珠儿，还给我解释了几个我不明白的词语。然后她告诉我，她有一本好看的故事书，主人公是个小男孩，保证我看了会更喜欢。那本书的名字就叫《小爵爷方特勒罗伊》，她答应夏天就读给我听。但是直到当年八月我们才开始读，因为在刚到海滨的最初几周，我沉浸在激动的探索之中，忘记了还有书这回事。接着，沙利文小姐前往波士顿探望友人，离开了我一段时间。

她回来后，我们做的第一件事就是开始读《小爵爷方特勒罗伊》。我还清楚地记得，我们是在何时何地读了这本引人入胜的儿童故事的头几章。那是八月的一个温暖的下午，离家不远的两棵挺拔的松树间悬了张吊床，我们一起坐在吊床上。午饭后，我们急急忙忙刷了盘子，就是为了下午能有尽可能长的时间来读这个故事。我们快步穿过高高的草丛奔向吊床的时候，惊起的蚱蜢成群落在我们身上。我记得沙利文小姐坚持在坐下来之前把衣服上的蚱蜢弄干净，而我觉得没有必要浪费时间。吊床上落满了松针，因为自沙利文小姐离开后一直没有人来。和煦的阳光照在松树上，松树的香气散发出来。空气中弥漫着松树的清香，夹杂着一丝海的气息。在读故事之前，沙利文小姐向我解释了一些她认为我不明白的东西，在阅读的过程中她还给我解释了生词。刚开始，有很多词汇我不认识，阅读常常中断；但是一旦我彻底理解了故事情节后，我就急于跟上故事的发展，顾不上那些生词了；对沙利文小姐认为有必要解释的生词，恐怕我也听得不耐烦了。当她的手指因疲劳而无法拼出单词时，我第一次产生了一种被剥夺的急切心情。我把书拿在手里，带着强烈的渴望试图摸出那些字母，那种感觉我永远也忘不了。

后来，在我的恳求下，阿纳格诺斯先生把这本书制成了凸版盲文，我读了一遍又一遍，几乎烂熟于心。《小爵爷方特勒罗伊》是我整个童年甜蜜而温柔的好伙伴。我不厌其烦地说起这些细节，因为它与我模糊、多变、困惑的早期阅读形成了鲜明的反差。

我对书籍真正感兴趣始于《小爵爷方特勒罗伊》。在其后两年间，我在家里及旅居波士顿期间读了很多书。我记不得都读了哪些，也忘了阅读的先后顺序，但我记得其中有《希腊英雄传》，拉封丹的《寓言》，霍桑的《奇书》，《圣经故事》，兰姆的《莎士比亚故事集》，狄更斯的《英格兰历史儿童读本》，《天方夜谭》，《瑞士的罗宾逊一家》，《天路历程》，《鲁滨孙漂流记》，《小妇人》和《海蒂》，最后这本是个美丽的小故事，后来我还读了德文版。我在学习和玩耍之间看完了这些书，越看越觉得愉悦。我既不研究也不分析这些书——我不知道它们写得好不好；也从未想过作品风格如何和作者是谁。这些书把宝藏放在我脚下，我欣然接受，如同接受阳光和友爱一样自然。我喜欢《小妇人》，因为它让我觉得自己像正常的男孩女孩一样。我的生命既然有诸多限制，便只好从书中探寻外部世界的信息。

我不太喜欢《天路历程》，我想这本书我可能都没有读完。我也不喜欢《寓言》。我最早读的拉封丹的《寓言》是英文译本，心不在焉地随便翻了翻。后来我读了法文版，发现尽管文字生动、语言精彩，我还是喜欢不起来。我不知道是为什么，但就算书里的动物会像人一样说话和行动，也没能引起我太大的兴趣。对动物们滑稽可笑的讽刺描写占据了我的注意力，使我无心领会其中的寓意。

另外，拉封丹的作品也很少能够激发我们崇高的道德感。他最能引起共鸣的地方是理性与利己。所有寓言都贯穿着一个思想：人类的道德感完全源于利己主义，如果利己能由理性来驾驭及控制，幸福必随之而来。而依我的判断，利己乃万恶之源；当然，也许我是错的，因为拉封丹比我有更多的机会观察人类。我并不太介意冷嘲热讽的寓言，只是觉得不必借猴子和狐狸来宣扬伟大的真理。

但是我喜欢《丛林故事》和《我所知道的野生动物》。

我对动物本身很感兴趣，因为它们是真的动物，而不是夸张的漫画式的人类。人们对它们的爱恨感同身受，被它们的滑稽逗得乐不可支，因它们的悲惨遭遇而心有戚戚焉。即使它们指向某种寓意，也微妙到叫人难以察觉。

我对古老的事物心仪久矣。希腊，古希腊，对我有一种神秘的吸引力。在我的幻想中，异教徒的男女众神依然行走在世间，与人类面对面地交流；在心底里，我为最敬爱的神灵秘密地建造了神殿。我知道并且喜欢所有的女神、英雄和半神半人——不，也不是所有的，对于残忍而贪婪的美狄亚和伊阿宋我就不喜欢，他们的邪恶是不可饶恕的。我过去常觉得奇怪，为什么天神会允许他们行不义之事，然后又加以惩处。这个疑惑至今未解。我常常惊讶于

> 神是如此缄默无语，
> 当罪愆龇笑着潜行过光阴的殿堂。

《伊利亚特》把希腊变成了我的天堂。在读原著之前，我对特洛伊的故事就已了如指掌，因此在我学会语法后，没费什么力气便将希腊的文字宝藏收入囊中。伟大的诗篇，不论是用希腊语还是英语写就，只要你与之心心相印，何须他人的翻译？那些用分析、观点和牵强附会的评论把伟大的诗歌变得面目可憎的好事之徒，真希望他们能明白这个简单的道理！要理解并欣赏一首好诗，完全没有必要去定义每一个字词，解释它的主要词性和在句中的语法结构。我知道那些博学的教授从《伊利亚特》中发掘的财富远胜

于我；但我从不嫉妒。我甘愿承认别人比我聪明。然而，纵然拥有广博的知识，他们也无法说清对这部恢宏的史诗的欣赏程度，我也一样。当读到《伊利亚特》中最精彩的片段时，我感觉自己的灵魂从狭隘逼仄的环境中脱离出来。我忘记了身体的局限——我的世界得以升华，广阔无垠的天上人间都属于我！

我对《埃涅阿斯纪》并不十分仰慕，但它依然不失为一部真实的史诗。我阅读的时候，尽量不借助注释或字典，而且总是把自己特别中意的篇章翻译出来。有时，维吉尔的笔触十分优美；但是在激情、冲突、怜悯与爱情的描写上，他笔下的诸神和凡人如同戴着伊丽莎白时代面具的才子佳人，而《伊利亚特》中的人物则是纵情欢笑的。维吉尔安详而柔美，如月光下的阿波罗大理石雕像；荷马则帅气而活泼，如阳光下迎风而立的少年。

在书卷间展翅飞翔是多么自在惬意！从《希腊英雄传》到《伊利亚特》并非一日之旅，也不全然充满欢愉。其他人已经来回看了好几遍时，我还在语法和字典的迷宫中艰难穿行，或者跌入学校或大学为困扰求知的学子们而设置的可怕的考试陷阱中。我想这种"天路历程"总归有其合理之处；尽管时不时会在转角处遇到惊喜，但这艰辛于我似乎永无止境。

我很早就开始读《圣经》，但是不解其意。如今看来真是奇怪，我的灵魂对《圣经》中奇妙的和谐竟然一度无知无觉。但我清楚地记得，那是一个下着雨的周日清晨，我无事可做，便央求表姐为我读一个《圣经》故事。尽管她觉得我听不懂，她还是把约瑟和他兄弟的故事拼写在我的手上。不知何故，我对这个故事不感兴趣。奇特的语言和不断的重复，使得这个远在"迦南之地"的故事很不真实。还没讲到约瑟的兄弟拿着约瑟的彩衣到雅各的帐篷里扯谎，我就已经呼呼大睡，去到"瞌睡之地"了。我也不明白为什么希腊故事令我如此着迷，而《圣经》故事则叫我兴味索然。难道是因为我在波士顿结识了几个希腊人，他们对自己祖国的故事表现出的热情感染了我？而我没有遇到过一个希伯来人或埃及人，因此推断他们不过是野蛮人，他们的故事很可能都是瞎编的，这种假设倒是能解释《圣经》中何以有那么多重复和别扭的名字。说来也怪，我从来不觉得希腊名字"别扭"。

然而，我该如何说起后来在《圣经》中发现的荣光呢？这些年来，我读《圣经》时，心中的喜悦与启发日渐增长；我爱此书胜过其他任何书。可《圣经》中依然有许多东西是我本能抵触的，而我还必须强迫自己从头到尾读完，想来有点难受。我觉得，从书中获得的历史等各种知识，不足以弥补我被迫集中精力而读到的种种令人不快的细节。就我而言，我希望能同豪威尔斯先生一道，清除过去文学中的所有丑陋和粗鄙，但是我也与大家一样，反对把这些伟大的作品改得毫无生气，面目全非。

《旧约》中的《以斯帖记》简单直接得要命，读来印象深刻，十分痛快。还有什么比以斯帖面对邪恶国王的场面更富戏剧性的呢？她知道自己的性命攥在国王手里，没有人能从国王的暴怒下救出她。然而，她克服了女性的恐惧心理，在最高尚的爱国主义情感的驱使下接近国王，心里只有一个信念："我若死，便死吧；我若活，我的族人皆活。"

《路得记》也是这样——多么富有东方情调！可是这些淳朴乡民的生活与波斯首都的生活的差异竟如此巨大！路得忠贞不贰，温柔善良，当她和收割庄稼的农民一起站在起伏的玉米地里的时候，真是叫人怜爱。在那黑暗残暴的时代，她美丽无私的精神如同暗夜里闪耀的星辰。路得的爱超越了彼此冲突的宗教教义和根深蒂固的种族偏见，放眼世界都难寻到。

《圣经》带给我深切的慰藉："可见之物皆过眼云烟；不可见之物实乃永恒。"

自我喜爱读书开始，我不记得有厌倦过莎士比亚的时候。我说不清何时开始读兰姆的《莎士比亚故事集》；但我知道，最初我是用孩子的理解力和好奇心来读莎士比亚的。《麦克白》似乎给我的印象最深，读一遍就足以把每一个细节永远烙进我的脑海。很长一段时间里，幽灵和女巫甚至追到梦里纠缠我。我看见，真真切切地看见，那把匕首和麦克白夫人素白的小手——可怕的血迹就在我面前，就像极度悲伤的王后亲眼所见的一般。

读完《麦克白》后，我紧接着就读了《李尔王》。读到格洛斯特被挖出双眼时，那种恐惧我永远也忘不了。我愤怒得无以复加，手指都动不了了，僵坐了很久，太阳穴突突直跳，一个孩子所能感受到的所有仇恨都集中到了我的胸腔。

我一定是在同一时期熟悉了书里的夏洛克和撒旦，因为这两个人物在我脑子里始终联系在一起。我记得我对他们充满了同情。我模模糊糊地觉得，他们即使愿意也不可能成为好人，因为好像没有人肯帮他们或者给他们一个公平的机会。即便到现在，我心里也无法把他们想得十恶不赦，有时还觉得夏洛克、犹大这类人，甚至魔鬼，都是善良这个大轮子上折断的辐条，时候到了总会修复如初。

　　说来也怪，我第一次读莎士比亚的作品，留下的却是许多令人不快的回忆。那些明快、优雅、充满想象力的戏剧——我现在最喜欢的——最初并没有给我留下什么印象，或许是因为它们所反映的不过是孩子们无忧无虑的快乐生活而已。但是，"没有什么比孩子的记忆更反复无常的了：会记住什么，又会忘掉什么，谁能说得清？"

　　后来，我读过好几遍莎士比亚的戏剧，有些部分已烂熟于心，但我却说不出最喜欢哪一部。我对它们的喜爱随情绪变化不定。短诗和十四行诗于我如同戏剧一样，清新隽永。我虽然热爱莎士比亚，但是要我硬套着评论家的观点来解读莎士比亚的每一句台词，实在令人生厌。我曾试图记住他们的阐释，却只换来失望和气恼；所以我偷偷和自己签了份"协议"——再也不管那些评论。直到我跟着基特里奇教授研究莎士比亚，这份"协议"才失效。我知道，在莎士比亚的作品里，在这个世界上，有许多我还不理解的东西；我很高兴看到一层层面纱被渐次掀起，展现出思想和美的新境界。

　　除了诗歌，我最爱历史。我把能接触到的历史作品都读了个遍：从枯燥的大事记和更枯燥的年表到格林客观而公正、独特而生动的《英国人民简史》；从弗里曼的《欧洲史》到埃默顿的《中世纪》。第一本使我真正意识到历史价值的书是斯温顿的《世界史》，那是我十三岁生日收到的礼物。尽管我已不再认为该书证据充分，但我一直把它视作我的宝贝之一。我从这本书里知道：不同的人种怎样分散到世界各地并建造起大城市；少数的伟大统治者"人间提坦"如何把万物统治于脚下，又如何用一句决定性的话语造福千百万人，又祸害更多世人；不同种族如何在艺术和知识领域开疆拓土，为后来时代的更大发展奠定基础；人类文明如何在经历堕落时代的浩劫后又如凤凰一样涅槃重生；先圣与先贤又是如何通过自由、宽容和教育，开辟出拯救全世界的道路。

大学时代所读的书，让我比较熟悉法国和德国文学。德国人把力置于美之前，把真理置于传统之前，无论生活还是文学莫不如是。他们做任何事都富有激情，充满力量。他们说话并不是为了影响他人，而是因为内心深处的思想在灼烧着灵魂，如果找不到出口，他们的心就要爆裂。

同样，德国文学的优雅矜持也是我所喜欢的；但它最为宝贵的荣光，还在于承认女性自我牺牲的大爱中所潜藏的救赎力量。这种思想在德国文学中随处可见，在歌德的《浮士德》中就有隐秘的流露：

万物倏尔间，
如水月镜花。

尘世多缺憾，

在此化圆满。

不可名状者，

其形终可显。

女子之灵魂，

引我始向前。

在我读过其作品的法国作家中，我最喜爱莫里哀和拉辛。巴尔扎克的精妙思想和梅里美的段落，读来如海风阵阵，清凉袭人。阿尔弗雷德·德·缪塞简直不可思议！我仰慕维克多·雨果——我欣赏他的才华横溢和浪漫精神，尽管在文学上我并不为他着迷。不过，雨果、歌德和席勒，以及所有伟大民族中的伟大诗人，都是永恒价值的诠释者。我的心会虔诚地追随他们，进入真善美的境界。

关于我的书本朋友，恐怕我已经说得太多。但其实我只提到了我最喜爱的一些作家。由此，如果你轻易地认为我是个独断不讲理的人，朋友圈小得可怜，那你就大错特错了。我欣赏不同作家的不同风格——卡莱尔的粗犷和对虚伪的讽刺，华兹华斯的人与自然的合而为一，胡德的古怪精灵带给人的巨大快乐，赫里克诗篇里的离奇之事和犹如百合与玫瑰般的浓郁芬芳，惠蒂尔的热情和正直。我认得他，对彼此友谊的美好回忆让我在读他的诗歌时感到加倍的快乐。我喜欢马克·吐温——有谁不呢？诸神也喜欢他，才会将各种智慧赐予他；又担心他变成悲观主义者，于是在他的头脑里织起一道爱与信念的彩虹。我喜欢司各特，因为他的清新率真以及无比的坦诚。我喜欢所有像洛威尔一样的作家，思想在乐观主义的阳光下沸腾——那是快乐和善良的源泉，有时带点愤怒，更多的是喷洒同情与怜悯，抚慰人心。

总而言之，文学是我的乌托邦。在这里我享有一切权利，没有任何感官障碍能阻挡我与书籍朋友进行美妙而高雅的交流。他们与我的交谈毫无尴尬或为难之感。与他们的"博爱和神圣的仁慈"相比，我自学到的和别人教给我的知识是多么微不足道。

第二十二章

我相信我的读者们，不至于从上一章有关书籍的叙述中得出读书是我唯一乐趣的结论。我的乐趣和娱乐可是多种多样的。

在我的故事中，我不止一次讲到自己对乡村和户外运动的热爱。当我还是个小姑娘时，我就学会了划船和游泳。夏天在马萨诸塞州伦瑟姆度假时，我几乎等于住在船上。带着来访的朋友出去划船，是我最大的乐趣。当然，我无法很好地把握方向，所以我划船的时候通常需要有人坐在船尾掌舵。不过，有时我划船不用舵，而是通过辨别水草、睡莲和岸上生长的灌木的气味来把握方向，真是其乐无穷。船桨用皮带固定在桨架上，我根据水的阻力来判断双桨是否用力平衡。同样地，我可以知道何时正在逆流而上。我喜欢同风浪搏击。最令人振奋的是，你可以用自己的意志和双臂驾驭坚固的小船，轻轻飞掠过波光粼粼的水面，感受无尽的浪涛汹涌。

我也喜欢划独木舟。如果我告诉你，我尤其喜欢月夜泛舟，我想你会哑然失笑吧。我确实看不见月亮在松树的掩映下爬上天空，在天穹悄然穿行，照亮我们夜行的小路；但我知道月光女神就在那里，当我仰面躺在垫子上，当我把手放在水中，我幻想自己感觉到她在天空经过时，外袍洒下的微光。大胆的小鱼有时游过我的指间，含羞的睡莲常划过我的手掌。每当我们从小河湾或小港的荫蔽处划出来时，我会感到豁然开朗。一股明亮的暖气似乎将我包围，我无从知道它是来自被阳光晒过的树木还是身下的水面。甚至在城市的中心，我也有这种奇怪的感觉。在风雨交加的寒冷的夜里，我也有这感觉，这种感觉就像温暖的双唇吻上我的面颊。

我最喜欢扬帆远航。1901年的夏天，我游览加拿大的新斯科舍省时，第一次有机会见识到海洋。我和沙利文小姐在伊凡杰琳的故乡住了几天，朗费罗曾用优美的诗篇赞美过这个地方，使其魅力倍增。之后，我们去了哈利法克斯，在那里待了大半个夏天。那儿的海港是我们快乐的天堂。我们乘船去贝德福德内港、麦克纳勃岛、约克堡和西北海湾，那感觉太棒了！夜晚，在庞大而静谧的军舰影子里，我们度过了多么宁静而奇妙的时光。哦，一切都如此有趣而美好！这些令人愉快的回忆，叫我永不能忘。

一天，发生了一件惊心动魄的事。西北海湾要举行一场划船比赛，有来自不同军舰的小船参赛。我们和许多帆船一起前往观看。海面百舸争流，风平浪静。比赛结束后，我们掉头回家。有人注意到一片黑云从海面上飘来，越来越大，越积越厚，直至遮住了整个天空。风高浪急，海浪剧烈地击打着看不到的礁石。我们的小船面对大风无所畏惧，张满帆，拉紧绳，小船似乎要乘风而起。她一会儿在巨浪中打转，一会儿被大浪推上潮头，接着又在大风愤怒的嘶吼中跌落下来。我们降下主帆，试图逆风而行，顶风搏斗，小船却逡巡不前，猛烈的大风刮得她左右摇摆。我们心跳加速，双手颤抖，不是因为害怕，而是因为刺激，我们有维京人的无畏精神，相信我们的船长能化险为夷。他凭借坚实的双手和海里练就的双眼，闯过了无数风暴。港湾里的大船和炮艇在驶过我们身边时，向我们这位在暴风雨中搏击的小帆船船长鸣笛致敬，水手们也大声欢呼，因为这是唯一一艘敢于搏击风雨的小帆船。当我们最终驶抵码头时，大家都又冷又饿，疲惫不堪。

去年夏天，我是在新英格兰一个风景如画、可爱幽静的乡村度过的。马萨诸塞州的伦瑟姆几乎与我所有的悲喜都结下了不解之缘。多年来，我就住在靠近菲利普王池塘边的红色农庄里，J. E. 钱伯林先生的家和家人就是我的家和家人。每每想起那些亲爱的朋友的恩情以及与他们共度的快乐时光，我心里就充满了深深的感激。与他们家孩子的亲密相伴对我来说意义重大。我们一起运动，一起在林中散步，一起去水里嬉戏。几个年幼的孩子的童言稚语，还有我给他们讲小精灵、小矮人、大英雄和狡猾的狗熊的故事时，他们的高兴劲儿，现在想起来依然让人心生欢喜。钱伯林先生引导我去探究树木和野花的奥秘，后来我凭着爱的直觉，仿佛能听见橡树中树液在奔流，看见叶片间阳光在闪耀。这正是：

纵使如树根，深埋于黑暗地底，

也分享着树顶的欢愉，那是

阳光、自由的风和鸟儿展翼，

因着与自然的共鸣，所以

我感受到了

看不见的东西。

在我看来，每个人都有一种能力，可以理解开天辟地以来人类所经历的记忆和情感。每个人的潜意识记忆里都有绿色的大地和潺潺的流水，一个人即使看不见听不见，这种先人遗传下来的天赋也无法被剥夺。这种承继而来的能力是一种第六感——融视觉、听觉、触觉于一体的灵性。

我在伦瑟姆有许多树朋友。其中一棵橡树蔚为壮观，我尤其引以为傲。我总是领着朋友去欣赏这棵王者之树。它矗立在陡峭的岸边，俯瞰着菲利普王池塘，听对树木颇有研究的人说，这棵树至少已有八百年到一千年的历史了。据传，英勇的印第安首领菲利普王，就是在这棵树下最后看了一眼大地与天空。

我还有一位树友，比起大橡树更温和可亲——一株长在红色农庄庭院里的菩提树。一天下午，雷雨交加，十分恐怖，我感觉到房子一侧受到一阵剧烈碰撞，不用别人告诉我，我就知道菩提树被吹倒了。我们跑出去，看到这位经历了无数暴风雨考验的英雄，经过奋力抗争最终轰然倒下的身影，真叫人心如刀绞。

可我记得特别要写到的是去年的夏天。考试刚一结束，我就和沙利文小姐立刻赶往"绿色幽境"。伦瑟姆因三个湖泊而闻名，我们的小房子"绿色幽境"就位于其中一个湖边。在这里，我可以尽情享受阳光灿烂的漫长白日，所有和课业、大学有关的思绪以及喧嚣的城市生活，统统被抛在脑后。在伦瑟姆，我们对世界大事也有所耳闻——战争、盟约、社会冲突。我们听说了远在太平洋的残酷而无谓的战争，了解到资本和劳动力之间的对抗。我们知道，在我们的伊甸园之外，人类正挥洒汗水创造历史，完全没有考虑停下脚步给自己放个假。但是我们很少留心这些事。凡尘俗事转瞬即逝，而此处的湖泊、森林、布满雏菊的旷野和气味清新的草地才是永恒的存在。

那些认为人类通过眼睛和耳朵获得所有感觉的人，对我能够分辨出行走在城市街道和乡间道路上的不同，感到十分惊讶，因为除了后者没有铺路面的材料外，二者并无差别。他们忘了，我的整个身体对周围的环境都很敏锐。城市的嘈杂轰鸣刺激着我的面部神经，我感觉到看不见的人群那永不停止的沉重脚步，刺耳的喧嚣折磨着我的精神。沉重的货车在坚硬的路面上隆隆而过，机器发出单调的叮当声，对于耳聪目明的人来说，如果没有被街上的纷纷扰扰转移注意力的话，他们一定会被逼疯的。

而在乡间，人们只会看到大自然的杰作，不必为熙熙攘攘的城市里残酷的生存竞争而忧虑。我去过好几次穷人聚居的狭窄而肮脏的街道，想到富人们心满意足地住在豪华的大房子里，越发健壮和美丽，而有些人则挤在破败而阴暗的廉租房里，日益丑陋枯槁，真是让人义愤填膺。污秽不堪的巷子里挤满了衣不蔽体、食不果腹的孩子们，他们对你伸出的双手避之唯恐不及，好像怕挨打似的。这些可爱的小生命始终潜伏在我心头，让我深感痛苦。那里的男男女女全都佝偻得不成人形。我摸过他们僵硬而粗糙的手，明白了他们的生存就是无休止的挣扎——一连串徒劳无益的尝试而已。他们一生苦苦奋斗，却得不到丝毫机会，这就是他们的生活。我们常说，阳光和空气是上帝赐给所有人的免费的礼物，但真是这样吗？在城市肮脏而阴暗的小巷里，阳光照射不到，空气污浊不堪。哦，人啊，你们怎会忘了手足兄弟？当你们说"感谢主赐予我们今日的食物"时，你们的兄弟却饿着肚子！哦，但愿人们远离城市，舍弃它的浮华喧嚣、纸醉金迷，回归森林田野和朴素诚实的生活！多希望他们的孩子像高贵的树木一样茁壮成长，他们的思想像路旁的野花一样芬芳纯洁。在城市生活一年后重返乡间时，叫我如何不产生这样的感悟？

当我再次踏上松软而富有弹性的土地，沿着绿草茵茵的小路来到长满蕨类的溪边，把手指浸在湍急的水流中，或者爬过一堵石墙，在高低起伏的绿色田野里撒欢，这一切多么令人欢喜。

除了休闲散步，我还喜欢骑双人自行车"兜风"。风儿扑面，铁马颠簸，感觉好极了。快速迎风骑行让我感受到力量和轻快。这项运动让我心跳加速、心旷神怡。

只要有可能，我的狗都会陪我一起散步、骑车或航行。我有很多狗类朋友——体形壮硕的大獒，眼神温柔的西班牙猎犬，木头脑袋的塞特犬和其貌不扬的忠诚牛头㹴。目前，我最钟爱的就是其中一只牛头㹴。它血统纯正，尾巴卷曲，拥有一张狗界最滑稽的"脸"。这些狗似乎能明白我行动受限，当我独自一人时，它们总是寸步不离地伴我左右。我喜欢它们的温柔友善，喜欢它们摇个不停的尾巴。

每当雨天出不了门时，我就像其他姑娘一样消遣。我喜欢编织；我喜欢逍遥自在地看书，东一行西一行；或者和朋友下盘跳棋或国际象棋。我有一个专用的木头棋盘，上面刻出了凹陷的方格，棋子便能稳稳地立住。黑色跳棋的顶上是平的，白棋顶上是弯曲的。每个棋子中间有个洞，内置一个黄铜小球，用以区分国王与其他棋子。国际象棋的棋子有两种大小，白棋大于黑棋，所以走棋之后，我就能用手轻轻地在棋盘上摸索，毫不费力地弄清对手的战术。把棋子从一个洞移到另一个洞会产生震动，我便明白何时该我走下一步了。

如果碰巧我独自一人百无聊赖，我就玩一局自己特别喜欢的单人纸牌游戏。我所用的纸牌右上角有布拉耶盲文标记，表明牌面的大小。

如果身边有小朋友，我最大的乐趣就是同他们玩游戏。我发现，哪怕是年龄最小的孩子，也能成为我的好玩伴。孩子们通常都喜欢我，这让我也很高兴。他们领着我四处走动，把他们感兴趣的东西指给我看。当然，小孩子们不会用手指拼写，但我可以设法读懂他们的唇语。要是这样也不行，他们就打手势比画。有时候我误解了他们的意思，做出错误的举动，他们就会哄堂大笑，于是这场哑剧又得从头来一遍。我常常给他们讲故事，教他们做游戏，开心幸福的时光总是过得飞快。

博物馆和艺术馆也是快乐和灵感的来源。无疑，许多人会觉得奇怪，我不用眼睛，仅凭双手就能感觉到冰冷的大理石所表现的动作、情感和美。然而，只要我将手放在这些艺术杰作之上，真正的快乐便油然而生。指尖触摸到这些艺术品的轮廓和曲线时，艺术家们所要表达的思想和情感随之传来。从诸神和英雄雕像的脸上，我能觉察到爱、恨与勇气，就像我能从真人的脸上摸出爱恨情仇一样。从狄安娜的姿势上，我感觉到森林的优雅与自由，以及驯服美洲狮和抑制最强烈激情的精神；维纳斯安详而优雅的曲线，让我的灵魂充满喜悦；巴雷所浇铸的铜像则向我揭示了丛林的秘密。

我书房的墙上有一幅荷马的圆形浮雕，为我方便之故，浮雕挂得很低。我常怀着又敬又爱的心情触摸荷马那英俊而哀伤的脸庞。我对他庄严额头上的每一道皱纹都了如指掌——那是生命的年轮，忧患的痛苦印迹。即使凝固在冰冷的石膏中，那双失明的眼睛仍然在为自己心爱的希腊寻找光明与蓝天，然而总是归于失望。他的唇形优美，显示出坚毅、忠诚和柔和。这是一张诗人的脸，一张饱含忧伤的脸。啊，我是多么理解他的痛苦——他所居住的永夜的世界——

哦，黑暗，黑暗，在这正午刺眼的阳光下，
无可挽回的黑暗，全然晦暗无光
而永无光明的希望！

113

我仿佛于想象中，听见荷马在歌唱。他迈着摇摇晃晃、踌躇的步子，摸索着从一个营帐行吟到另一个营帐——歌唱生活，歌唱爱情，歌唱战争，歌唱一个高贵民族的丰功伟绩。诗歌壮丽而辉煌，为盲诗人赢得了不朽的桂冠和万世的景仰。

有时我很好奇，是否眼比手更敏感于雕塑之美。我倒觉得，触觉比视觉更能对线条和曲线的流动节奏体会入微。不管是否如此，我知道自己能从大理石雕刻的男女诸神身上感觉到古希腊人的脉动。

去歌剧院是比较少有的一种娱乐。我喜欢舞台上一边演出剧目，有人一边给我讲述剧情，这比读剧本要有趣得多，因为这让我有身临其境之感。我有幸见过一些著名的演员，他们演技高超，能使你忘却此时此境，随他们回到浪漫的古代。埃伦·特里小姐扮演我们心目中理想的王后时，她允许我抚摸她的脸庞和服饰，她身上散发出的神性之美消解了极度的悲伤。亨利·欧文爵士穿着国王的服饰站在她的身旁，他的行为举止无不显露出超群的才智，敏感的脸上的每一根线条都透露出压抑不住的威严。在他那张仿佛戴着国王面具的脸上，有一种遥远而无法企及的悲痛，叫我永难忘怀。

我还认识杰斐逊先生。我以有他这个朋友而自豪。无论何时，只要我凑巧在他演出的地方，我都会去看他。第一次看他演出，是我在纽约上学的时候。他演的是《瑞普·凡·温克尔》。我此前经常读到这个故事，但我从来体会不到瑞普那种慢慢腾腾、古怪有趣、宽厚温和的行事方式有什么魅力，直到我看了这出戏。杰斐逊的表演优美动人，极具悲剧意味，我满心陶醉，入戏很深，手里紧紧攥着一张老瑞普的照片，不肯松手。戏演完后，沙利文小姐领我去后台见杰斐逊，我用手抚摸他那新奇的装束、平滑的头发和长须。杰斐逊先生让我摸他的脸，这样我就可以想象出瑞普在离奇沉睡二十年后醒来时的模样，他还给我表演了可怜的老瑞普颤颤巍巍站起来的样子。

我还看了他演的《情敌》。有一次，我在波士顿看望他，他为我表演了《情敌》中最精彩的片段。我们所处的会客厅成了舞台，他和他儿子坐在大桌子边，鲍勃·阿克斯写下挑战书。我用手追随他的所有动作，捕捉他犯下大错时的滑稽动作，而靠别人将故事拼写在我手上是领会不到这些的。接着，他们站起来决斗，我继续用手感受，宝剑迅疾的刺出与闪避，以及可怜的鲍勃勇气渐渐丧失时的犹疑摇摆。然后，这位伟大的演员猛地一拉外衣，一抿双唇，突然间我来到了落水山庄，感觉到施奈德乱蓬蓬的头抵住了我的膝盖。杰斐逊先生朗诵起《瑞普·凡·温克尔》中最著名的对话，一会儿声泪俱下，一会儿笑逐颜开。他要我尽量指出配合台词应该做些什么手势和动作，我当然不懂什么舞台动作，只能随意猜测几句；可他用精湛的技艺为台词配上了动作。瑞普叹了口气，喃喃说道："难道一个人离开后，这么快就被人遗忘了吗？"他长眠之后找不到猎犬和猎枪的沮丧，他与德里克签订协议时的滑稽可笑与优柔寡断——所有这一切好像都来自生活本身，即事情按照我们设想的方式进行的理想的生活。

我清楚地记得第一次看戏的情景,那是十二年前的事了。童星埃尔西·莱斯利当时在波士顿演出,沙利文小姐带着我去看她的《王子与贫儿》。我永远也忘不了贯穿这出好剧的悲喜交加的情节和小演员们的精彩表演。演出结束后,我得以到后台与穿着王室戏服的莱斯利见面。很难找到一个比她更可爱的孩子了。她顶着一头飘逸的及肩金发站在那儿,脸上带着明媚的笑容,尽管之前面对着那么多观众,却丝毫没有害羞或疲惫的样子。那时我才刚开始学说话,预先把她的名字练习了好多次,直到能清楚地说出口。想象一下,当她听懂了我对她说的几个词语,并且毫不犹豫地伸出手问候我时,我有多高兴。

因此,虽然我的生命有着诸多缺陷,但我有如此多的方式触摸到"万物之美",这难道不是真的吗?万物都有神奇之处,哪怕是黑暗与寂静也不例外。我慢慢学会一个道理,即无论身处何境,都应知足常乐。

诚然,有时,当我独自一人被生活拒之门外,孤独感会像冰冷的雾霭将我包围。门里有光明、音乐和美好的友情,但我不得其门而入。无言、无情的命运挡住了我的去路。我要对他专横的命令发出质疑,因为我的心不受束缚,充满激情。但我不会贸然说出尖刻无用的话语,我把苦往心里咽,泪往心里流。无边的寂静压在我的心头。此时,希望带着微笑降临,对我轻声低语:"忘我即快乐。"于是,我努力把别人眼中的光明当作自己的太阳,别人耳中的音乐当作自己的交响乐,别人嘴角的微笑当作自己的快乐。

第二十三章

我的幸福得益于许多人的帮助，要是我能把那些人的名字在这本书中全都写出来该多好啊！前面的叙述中已经写了一些人，并为读者所熟悉，而另外一些则可能完全不为读者所知。尽管他们不因对我产生的影响而享有美誉，但他们却将永远活在因他们而变得美好和高贵的生命之中。生活中最值得纪念的日子，是在遇到那些像优美诗歌一样打动我们的人的时候。与他们握手时充满无法言喻的同情和共鸣，他们性情温和、妙趣横生，让我们急切不安的灵魂得享有如神启般美妙的安宁。缠住我们的困惑、愤怒和忧虑如噩梦般被一扫而尽，我们醒来后耳目一新，看到上帝的真实世界的美好与和谐。突然间，日常的一切阴郁尽皆化作光明的前景。总之，有这些朋友相伴，一切都很美好。也许我们此前从未见过，以后的人生道路上也不会再度相逢，但他们沉稳圆融的性格犹如醇酒消融了我的不满，像海洋感受到淡化海水的山泉，我感受到他们的性格对我疗愈式的影响。

常有人问我："有人让你觉得厌烦吗？"我不太理解这

个问题的意思。我认为，那些愚蠢而好奇者的来访，尤其是新闻记者，总是不合时宜的。我也不喜欢那些居高临下对我说话的人。他们就像那些走路时设法缩小步幅来适应你的人一样，这两种情况下的虚伪都令人恼火。

握手这一动作虽然默默无言，但对我来说却意味深长。有些人握手时粗鲁无礼。有些人郁郁寡欢，当我握住他们冰冷的指尖时，仿佛握住的是东北的风雪。有些人的手则犹如阳光，与他们握手温暖了我的心。也许与孩子握手只是充满依恋的一个触碰，对我而言却是灿烂暖阳，好像别人得到深情一瞥那般宝贵。一次发自内心的握手或一封友好的来信，都能给我带来真正的快乐。

我有许多从未谋面的远方朋友。人数实在太多，我常常无法一一回信。但我希望在此感谢他们的亲切的话语，虽然这样的致谢远远不够。

我这一生何其有幸，认识了这么多天才人物并能与他们交流。只有认识布鲁克斯主教的人，才能领略他的友谊带给人的快乐。孩提时代的我喜欢坐在他膝头，一只手紧紧抓住他的大手掌，沙利文小姐则在我另一只手上拼写出他讲的关于上帝和精神世界的美好言语。我听得既惊奇又欢喜。我的精神境界达不到他的层次，但他却让我真正感受到生活的快乐。每次离开他时，我的思想都有收获，而且随着年龄的增长，我对于生命的意义有了更深刻、更美好的理解。有一次，我困惑于世界上宗教的多样性，他说："海伦，有一种普世的宗教——爱的宗教。全身心地爱你的天父，尽你所能爱上帝的每个孩子，要记住善的力量远大于恶的力量，那么你就拥有了进入天堂的钥匙。"他用一生阐明了这个伟大的真理。在他高尚的灵魂里，爱、渊博的知识与信仰融合成一种洞察力。他看见

　　无处不在的上帝使人解脱，使人振奋，

　　使人谦卑，使人柔顺，给人慰藉。

　　布鲁克斯主教没有教过我什么特别的信条或教义，但他给我留下了两种伟大的思想——以上帝为父，上帝的孩子都是兄弟。他让我觉得，这些真理是一切信条和崇拜形式的基础。上帝是爱，上帝是我们之父，我们是上帝之子。因此，乌云必将被驱散，尽管正义可能失败，但邪终不胜正。

　　我在这世上生活得很愉快，很少想到未来之事，只除了怀念几位好友的在天之灵。他们尽管已逝去多年，但仿佛并未走远。如果他们突然握住我的手，像从前那样与我亲切交谈，我丝毫不会觉得惊奇。

　　布鲁克斯主教逝世后，我通读了《圣经》，还读了一些宗教哲学书籍，其中有斯韦登堡的《天堂和地狱》以及德拉蒙德的《人类的进步》。我觉得，没有什么信条或体系比布鲁克斯主教爱的信条更能给人灵魂的慰藉。我认识亨利·德拉蒙德先生，至今还记得他那热情而有力的握手仿佛能给人带来祝福。他是最富同情心的伙伴，而且见多识广，待人和蔼，有他在场气氛就不会沉闷。

　　我还记得第一次见到奥利弗·温德尔·霍姆斯博士的

情形。他邀请我和沙利文小姐在一个星期天下午去见他。那是初春时节，我刚学会说话不久。我们一到就被带进他的图书室，他坐在敞口壁炉旁的一把大扶手椅上，炉膛里火烧得正旺，噼啪作响。他说他正沉浸在对往昔的回忆中。

"在倾听查尔斯河的低语。"我说。

"是的。"他答道，"查尔斯河给我留下了许多美好的回忆。"他的图书室里有一股油墨和皮革的气味，我知道这里一定有很多书，于是本能地伸出手去寻找。我的手指落在一卷精美的丁尼生诗集上，沙利文小姐告诉我这是谁的书，我就开始朗诵：

撞击，撞击，撞击
在那冰冷的灰色礁石上，啊，大海！

但我突然停了下来，因为有泪珠滴落在我的手上。自己敬爱的诗人竟然听得流下泪来，我觉得颇为不安。他让我坐在他的扶手椅上，拿来各种有趣的东西让我细细把玩。应他的要求，我朗诵了当时自己最喜欢的一首诗《鹦鹉螺》。那之后，我见过霍姆斯博士多次，渐渐地，我不仅喜欢上了他的诗，更喜欢上了他的为人。

见过霍姆斯博士后不久，在一个晴好的夏日里，我与沙利文小姐去看望了惠蒂尔，他住在梅里马克河边一所幽静的房子里。他温文尔雅，谈吐不凡，赢得了我的喜爱。他的一本诗集有盲文版，我曾读过其中的《学生时代》。他很高兴我发音准确，说他听起来一点也不费劲。然后我问了许多关于这首诗的问题，并且把手放在他的嘴唇上来读他的回答。他说他就是诗中的小男孩，女孩的名字叫萨莉，其他的我已记不清了。我还朗诵了《荣耀归于上帝》。当我读到最后几行时，他把一尊奴隶雕像放到我手上，镣铐正从那个蹲着的奴隶身上掉落，就像天使把彼得带出监牢时，镣铐脱落的情形一样。然后我们走进他的书房，他为沙利文老师亲笔题字（"您崇高的工作解放了您亲爱的学生的灵魂，对您怀有万分景仰的您真诚的朋友。约翰·惠蒂尔"），以表达对她的钦佩之情，并对我说："她是你灵魂的解放者。"他送我到大门口，温柔地吻了我的额头。我答应第二年夏天再来看他，可未及践约，斯人已逝。

爱德华·埃弗雷特·黑尔博士是我的忘年老友之一。我八岁时就认识他了，随着年岁的增长，我越发敬爱他。他睿智而亲切的关怀支撑着沙利文老师和我渡过时艰，克服悲伤；他坚强有力的援手帮助我们越过千难万险；他为我们所做的一切，同样施予无数身处困境的人们。他用爱的醇酒为旧的教条赋予新义，告诉人们如何信仰，如何生活，如何得自由。他言传身教，所教给我们的已在他自己的生活中完美地呈现——爱他的国家，善待最穷困的同胞，真心实意追求不断向上、向前的生活。他是预言家，是启迪心灵的人，是《圣经》的有力践行者，是全人类的朋友——愿上帝保佑他！

我在前面已经写过与亚历山大·格雷厄姆·贝尔博士初次见面的情形。后来，我与他一起度过了许多愉快的时光，有时在华盛顿；有时在布雷顿角岛中央他漂亮的家中，那里靠近巴德克村，因查尔斯·达德利·华纳的书而闻名。在贝尔博士的实验室里，听他讲述自己的实验；在大布拉多尔湖岸的田野上，帮他放风筝，他希望借此发现控制未来飞艇的原理。这些都是我的快乐片段。贝尔博士精通许多科学领域，善于将研究的每个课题变得趣味盎然，哪怕是最深奥的理论也不例外。他让你觉得，只要你再多花一点时间，你也可以成为发明家。他也有幽默和诗意的一面。他的激情几乎都体现在对孩子的关爱上。当怀抱一个失聪的孩子时，是他最幸福的时刻。他为聋人所做的贡献会代代相传，造福后世的孩子们。我们爱他，不仅因为他所取得的成就，还因为在他的激励下其他人所取得的成就。

在纽约的两年时间里，我有许多机会与名人交流，那些人的名字如雷贯耳，我之前从未奢望过能与他们见面。与他们大多数人的第一次见面，是在好友劳伦斯·赫顿先生的家里。能到亲爱的赫顿夫妇温馨的家中做客，参观他们的图书室，读到他们才华横溢的朋友为他们写下的精彩感言和真知灼见，对我来说是莫大的荣幸。据说赫顿先生能发掘出每个人内心的美好想法和善良品质，他确实如此。人们不需要读《我认识的一个男孩》就能了解他——他是我所认识的最慷慨、最宽厚的人，是风雨同舟的挚友。他追随爱的足迹，善待同胞，也关爱犬类。

赫顿夫人是一个真诚而可靠的朋友。我许多最美好、最宝贵的思想都要归功于她。我大学生涯所取得的进步，得益于她频繁的忠告和帮助。当我为学习特别困难而感到沮丧气馁时，她的信让我豁然开朗，重拾勇气；因为她让我们明白，完成一项痛苦的工作，后面的事情就会水到渠成。

赫顿先生给我介绍了许多文学界的朋友，其中最著名的有威廉·迪安·豪威尔斯先生和马克·吐温先生。我还见过理查德·沃森·吉尔德先生和埃德蒙·克拉伦斯·斯特德曼先生。还有最会讲故事的查尔斯·达德利·华纳先生，他是最受人喜爱的朋友，待人极富同情心，据说他热爱一切生灵，爱人如爱己，此言非虚。有一次，华纳先生带着森林诗人约翰·巴勒斯先生来看我。他们和蔼可亲，我既钦佩他们在散文与诗歌上的才华，更为他们待人接物的魅力所折服。这些文学名流谈天说地，唇枪舌剑，妙语连珠，直叫我望尘莫及。我就像小阿斯卡尼俄斯，踉踉跄跄地跟在一往无前的埃涅阿斯身后，向强大的命运进军。但他们也和我说了不少亲切的话语。吉尔德先生告诉我他月夜奔赴金字塔的无边沙漠之旅。在写给我的一封信中，他把纸上的签名做出凹陷的印迹，这样我就能用手摸出来。这让我想起黑尔先生，他给我的信常常以布拉耶盲文签名，相当有个人特色。我用唇读法听马克·吐温为我讲过一两则他的精彩的故事。他的思维、言谈和行事都有其独到之处。在与他握手时，我都能感觉到他的眼睛炯炯发光。即使他在用那难以形容的幽默声调进行机智的嘲讽时，也能让你觉得他的心灵其实是一部充满人性温情与怜悯的《伊利亚特》。

我在纽约还遇到了许多有趣的人：《圣尼古拉斯》令人敬爱的编辑玛丽·梅普斯·道奇夫人，以及《懦夫》可爱的作者里格斯夫人（即凯特·道格拉斯·威金）。她们给我寄来饱含爱心的礼物，有反映她们思想的书籍，有启迪灵魂的书信，还有那些照片，我爱让人一遍遍地描述给我，百听不厌。虽限于篇幅，无法提及所有的朋友，但有关他们的一切都珍藏在天使的翅膀之下，这些神圣的记忆远非冰冷的印刷品所能承载。甚至要讲到劳伦斯·赫顿夫人时，我也是犹豫再三。

我还应该提一提另外两位朋友。一位是匹兹堡的威廉·索尔夫人，我常去她在林德赫斯特的家里做客。她总是做一些让人开心的事。我们相识的这些年来，她的慷慨和给予的明智忠告从未让沙利文老师和我失望过。

另一位我深深感激的朋友，有着统领大型企业的铁腕，也因为杰出的才能赢得了所有人的尊重。他善待每一个人，到处默默行善。我再一次提到我本不该说出的这些尊贵的名字；但是我一定要感谢他慷慨而热情的帮助，是他让我圆了大学梦。

可以这么说，是我的朋友们成就了我的人生。他们千方百计地把我的缺陷变成美好的幸运，让我在失去光明的阴影中也能安详而快乐地前进。

第二部分　假如给我三天光明

我们都读过一些扣人心弦的故事，里面的主人公仅余一点有限的时间可活，长则一年，短则一天。而始终令我们感兴趣的是，看这些注定要死亡的人如何度过最后的日子。当然，我说的是有选择权利的自由人，而不是活动范围严格受限的被判了刑的犯人。

　　这些故事发人深省，不知我们在相似的境况下将会怎么做。作为必死的凡人，在生命的最后几个小时里，我们会有怎样的遭遇、经历和想法？抚今追昔，我们会有哪些事觉得幸福，哪些事又觉得遗憾？

　　有时我会想，把每一天当作生命的最后一天来过是最好的活法，因为这种态度鲜明地彰显了生命的价值。我们应该温良和善、活力充沛、心存感恩地过好每一天，可是当时间在我们面前日复一日、月复一月、年复一年地延展成一幅无尽的画面时，我们常常忘了这么去做。当然，有些人会把伊壁鸠鲁的"吃吃喝喝，及时行乐"奉为座右铭，可大多数人却因死亡的迫近而备受折磨。

　　在形形色色的故事里，注定一死的主人公通常会在千钧一发之际得到幸运女神的垂青，然而他的价值观也必因此而改变，他对生命的意义及其永恒的精神价值有了更深的领悟。我们常常看到，那些活在或曾经活在死亡阴影中的人所做的每一件事都带有圆融幸福的味道。

可是，我们大多数人都把活着视为天经地义的事情。我们知道总有死去的一天，但总是把那一天想得极其遥远。精神乐观、身强力壮的时候，我们很难想象死亡，也很少想到死亡。日子无穷无尽，望不到头，我们为琐事忙忙碌碌，几乎察觉不到自己对待生命的态度如此冷漠。

恐怕我们对所有自身能力和感官的运用也是这副冷漠的样子。只有聋人才珍惜听觉，只有盲人才能体会看见光影是何等的幸福。那些成年后失去视觉和听觉的人感受尤其深刻。那些在视觉或听觉上从未受损的人，很少能充分利用这些宝贵的感官能力。他们的眼睛和耳朵草草地接收所有景象和声音，既不专注也不欣赏。人们一直在重蹈覆辙：失去后方知珍惜，病倒了才知道健康的重要。

我常想，如果每个人在刚成年时，就因病致盲或致聋几天，也许是件好事。黑暗会让他更珍惜光明，无声则教他体会有声之喜悦。

我时常考验那些视力正常的朋友，看他们究竟将什么纳入眼中。最近有一位好友来访，她刚从树林远足而回，于是我问她在林中的所见所闻。她回答："没什么特别的呀。"要不是我早就知道能看见的人总是对事物视而不见，也习惯了他们这种反应，我可能很难相信。

我问自己，怎么可能在树林里穿行了一个小时却没有看到任何值得留意的东西？我一个目不能视的人，仅凭触摸都能发现成百上千种让我感兴趣的东西。我曾感觉一片树叶精美的对称，也曾轻快地抚过银桦光滑的树皮和松树粗糙不平的表面。春天，我满怀希望地在枝端寻找萌芽，那是冬眠后的大自然苏醒的第一个征兆。我轻触一朵花那可爱而柔滑的肌理,感觉它美妙的弧度;这是大自然的鬼斧神工。偶尔,要是我运气够好,将手轻轻放在一棵小树上时,可以感受到枝头引吭高歌的小鸟欢快的轻颤。我喜欢让沁凉的溪水从我张开的指间流过。一地厚厚的松针或软软的青草比最奢华的波斯地毯更得我心。在我看来,四季的盛景就是一出动人心弦且永不落幕的戏剧,它的情节顺着我的指尖缓缓流过。

有时,我在心里呼喊着,渴望看到这一切。如果我仅凭触觉就能获得如此多的快乐,那么视觉向我展示的美景岂不是更多了吗?然而,那些看得见的人却对此视若无睹,缤纷多彩的世界在他们眼里是理所当然的。不珍惜已有的,只渴望未有的,也许人的本性便是这样。但在充满光明的世界,天赋的视力只是用来令生活更方便,而不是令其更具丰富的意义,真是令人扼腕叹息。

如果我是大学校长,我要开设一门必修课程,就叫"如何使用你的眼睛"。教授要尽力唤醒学生因沉睡太久而变得迟缓的天赋,教会他们真正看到被他们忽视的眼前之物,使生活更加富有乐趣。

也许最能说明这个问题的做法,是假想如果我能张开双眼,哪怕只有三天,我最想看到什么。在我这么想的时候,也请你认真假设一下,如果你只剩三天的光明,你会怎样使用你的眼睛。随着第三个夜晚的来临,你知道太阳将不再为你升起,你将如何度过这宝贵的三天呢?你最想让你的目光为什么而驻足?

我自然最想看见在我的黑暗岁月里对我弥足珍贵的东西。你也一定想让目光停留在你所珍惜的东西上，以便将对它们的记忆带入即将到来的永恒暗夜。

　　如果真有奇迹出现，让我拥有三天的光明，随后再度堕入黑暗，我会把这三天分为三部分。

第一天

第一天，我要看看每一个善良亲切、温柔陪伴过我的人，是他们使我的生命有意义。首先，我想要长久地凝视我亲爱的老师安妮·沙利文·梅西夫人的脸，当我还是个孩子的时候，她来到我的身旁，为我打开了外面的世界。我不仅想要看到她面庞的轮廓，以便将它珍藏在我的记忆中，更想要研究她的样貌，在她的脸上找到怜悯慈爱与亲切耐心的生动迹象，她正是凭借这些完成了教育我的艰巨任务。我希望从她的眼睛里看到使她不屈服于困难的坚毅品格，还有她经常向我流露的对于全人类的悲悯。

我无法透过"心灵的窗口"——眼睛——去洞察朋友的内心世界。我只能用指尖来"看"一个人的脸部轮廓，察觉对方的喜怒哀乐与其他许多明显的情感。我能通过触摸朋友们的脸来认出他们，但我不能靠触摸来真实地描绘他们的个性。当然，我了解他们的个性，这靠的是其他方法，比如通过他们向我表达的思想，或他们向我展示的行动。但是我无法对他们产生更深的理解。不过我确信，那种理解可以通过看见他们，通过观察他们对不同事物、不同情况做出的不同反应，通过注意他们眼睛和面部稍纵即逝的表情来获得。

我很了解和我亲近的朋友，因为经年累月，他们已经将自己的各个方面展示给了我；但是对于泛泛之交，我只有不完整的印象，这还是从一次握手，从我用指尖在他们嘴唇上读到的话语，或从他们在我掌心里的轻轻划写中得来的。

对于视力正常的你来说，可以通过观察对方微妙的面部表情，肌肉的细微颤动，或者手部的各种动作，迅速掌握他人的主要特质，这是何其容易又让人何其满足的事。但是，你可曾想过运用你的视觉去了解朋友或熟人的内心？你们大部分人难道不是随便看两眼一张脸的外部特征，然后就这么算了吗？

比如，你能准确地描绘出五位好友的面容吗？有些人可以，但许多人做不到。我做过一次试验，询问结婚多年的丈夫，妻子的眼睛是什么颜色，他们往往一脸尴尬困惑地承认自己不知道。顺便说一句，妻子们也总是抱怨丈夫没有注意到她们的新衣服、新帽子以及家具摆设的变化。

有视觉的人早已习惯了一成不变的周围环境，实际上他们只会注意令人惊奇和壮观的事物。但即便在观看最壮丽的奇景时，他们的眼睛也是懒洋洋的。法庭每天的记录都显示出"目击者"提供的目击证据是多么不准确。一个事件，有多少目击者，就有多少不同的"看见"方式。有的人看见的比别人多些，但几乎没有人能观察到视线以内的一切事物。

哦，要是我拥有哪怕三天的光明，我会看见多少东西啊！

第一天将会是忙碌的一天。我会叫来所有的好友，长久凝望他们的面庞，把他们内在美的外部证据印入我的脑海。我还要细细观察婴儿的脸蛋，捕捉他们充满渴望的、纯洁的美，那里还没有因为与生活抗争而留下个人意识的痕迹。

我还想要看看我的忠犬们——严肃又聪明的苏格兰小犬达吉、健壮又善解人意的丹麦大狗海尔格——充满信赖的眼睛，它们温暖、亲切又充满乐趣，给了我莫大的慰藉。

在忙碌的第一天里，我还要看一眼家里那些简单的小物件。我想看看我脚下小地毯的温暖颜色，墙上挂着的画，和那些将房子点缀成一个家的亲切的小玩意儿。我会敬重地注视那些我读过的盲文书，但我更感兴趣的应该是正常人所看的印刷书籍，因为在我生命的漫长黑夜里，我读过和人们读给我的那些书筑成了一座巨大的闪光的灯塔，为我指明生活和心灵的最佳航道。

在能看见的第一天下午，我想到森林里远足，让我的眼睛陶醉在自然的美景中。在短短几个小时里，我要如饥似渴地享受那些始终展现在正常人眼前的广阔壮美。远足归家途中，我会走一条靠近农庄的小路，看一看温驯的马儿在田间耕作（也许我只能看到一台拖拉机！），和面朝黄土、知足常乐的人们。我还要祈祷能看一眼落日余晖的灿烂。

薄暮冥冥，人造的光亮让我看清世界，这将令我体验到双重的喜悦。当自然降下黑暗于人间，天才创造出的光明延展了人类的视线。

在拥有视力的第一个夜晚，我将彻夜难眠，在脑海里反复回味这一天的美好记忆。

第二天

次日——拥有视力的第二天——我要黎明即起，去欣赏那把黑夜变成白昼的动人奇迹。我将怀着敬畏之心，看太阳用无限光辉唤醒沉睡大地的壮美景致。

这一天，我将匆匆浏览这个世界的过去和现在。我想看看人类进步的画卷，时代变化的万花筒。如何把这么多内容压缩在一天内看完？当然是通过博物馆。我过去经常参观纽约自然历史博物馆，用手触摸陈列的展品，但我一直渴望亲眼看看地球的简史和陈列在那里的地球上的居民——按他们原初的生活环境描画的动物和人种；恐龙和乳齿象的巨大化石（早在人类以矮小的身材和聪明的大脑征服动物王国以前，它们就已经漫步在地球之上）；动物进化以及人类使用工具的发展过程的逼真再现（人类正是靠着工具在这个行星上为自己建造了安全的家园）；还有无数其他自然历史的方方面面。

我不知道本文的读者里，有多少看过那个启发灵感的博物馆里所描绘的这幅生物面貌的全景图。当然，很多人没有这个机会，但我相信，许多有机会的人却没有利用好它。那里实际上是你使用眼睛的好地方。有视觉的你可以在那里度过许多获益匪浅的时光，可我借助想象出来的三天光明，仅能匆匆一瞥而过。

我的下一站将是大都会艺术博物馆，因为正如自然历史博物馆展示了世界的物质层面那样，大都会艺术博物馆展现了人类精神的无数方面。通观整个人类历史，人类对艺术表达的强烈欲望几乎像对食物、住所和生育的欲望一样迫切。在大都会艺术博物馆的巨大展厅里，埃及、希腊、罗马的精神以艺术的方式呈现在我面前。我通过双手的触摸，熟悉了古尼罗河流域诸多男神及女神的雕像。我抚摸过帕特农神庙柱顶雕带的复制品，感受过冲锋的雅典勇士的韵律之美。我和阿波罗、维纳斯、展翅的胜利女神萨莫色雷斯通过指尖熟稔起来。荷马那粗粝多须的面容让我倍感亲切，因为他也深知失明之苦。

我的手流连于罗马时代及罗马时代以降那些逼真的大理石雕像。我的手抚摸过米开朗琪罗塑造的鼓舞人心的英勇的摩西石膏像；我感受过罗丹的力量；我敬畏哥特人对木雕的虔诚。能够触摸这些艺术品对我而言是很有意义的。然而欣赏艺术品主要靠眼睛而不是双手，我只能猜测那些我看不见的美。我能欣赏希腊花瓶的简朴线条，它上面的装饰图案却与我无缘。

为此，能看见光明的第二天，我将尽力通过艺术来探寻人类的灵魂。我终于可以看见过去那些仅凭触摸所了解的事物。更妙的是，从富有宁静宗教色彩的意大利早期绘画，到带有狂热想象的现代绘画，整个壮丽的绘画世界将向我敞开。我将凝神欣赏拉斐尔、达·芬奇、提香和伦勃朗的油画。我要饱览委罗内塞的温暖色彩，研究埃尔·格列柯的神秘，从柯罗的画中重寻自然之美。哦，你们能用眼睛欣赏到历代艺术中如此丰富的意义和美！

在我对这个艺术圣殿的短暂游览中，我完全无法评论你们眼前的那个伟大的艺术世界，因为我只能得到一个肤浅的印象。艺术家们告诉我，要想真正深刻地欣赏艺术，必须训练自己的眼睛，必须通过经验来权衡判断线条、构图、形式和颜色是否具有美感。如果我能看得见，我将会多么开心地投入这项令人着迷的研究中啊！但是我听说，对于你们有视觉的人而言，艺术世界仍是有待探索、未被照亮的暗夜。

离开大都会艺术博物馆我是极不情愿的，它藏有打开美——被忽视的美——的钥匙。可是，有视觉的人并不需要到大都会这样的地方去寻找这把美的钥匙。同样的钥匙就躺在规模较小的博物馆或图书馆的书架上，等着你发现。但是，在我假想出来的重见光明的有限时间里，我自然要选择能在最短时间内开启最大宝藏的那把钥匙。

拥有视觉的第二个晚上，我要在剧院或电影院里度过。即使现在，我也常常出席剧场的各种演出，但是必须由同伴把剧情拼写在我手上。我多想亲眼看看哈姆雷特的迷人风采，或是穿着伊丽莎白时代鲜艳服饰神气活现的福斯塔夫！我多么想模仿哈姆雷特优雅的动作，模仿精神饱满的福斯塔夫趾高气扬的步态！可我的时间只够看一场戏，这就叫我面临进退两难的困境，因为有好几十部戏都想看。

视力正常的人想看戏就可以看。我很好奇，你们中有多少人在观看戏剧、电影或者任何一个宏大的场面时，能意识到正享受着视力所带来的色彩、优美和动作的感官奇迹，并心怀感激呢？

除非局限在双手可触的范围内，否则我无法享受到动作的韵律之美。尽管我知道一点节奏的快感，因为我常常能通过地板的震动感受到音乐的节拍，但我只能在脑海中模糊地勾勒出巴甫洛娃优美的芭蕾舞姿。我完全可以想象有韵律的动作一定是世界上最赏心悦目的景象之一。我用手指抚过大理石雕像的线条，就能明白几分。如果这种静态的美都能那么迷人，看到动态的美一定令人激动万分。

我最珍贵的回忆之一，就是约瑟·杰斐逊在表演他最爱的《瑞普·凡·温克尔》时，让我触摸他的脸和手。由此我得以对戏剧世界有了惊鸿一"瞥"，我永远不会忘记那一刻的快乐。但是，哦，我遗漏了太多东西了，观看和倾听戏剧表演中呈现出来的动作与对白的互动效果，你们看得见的人能从中得到多少快乐啊！哪怕我只能看一场戏，我也知道如何在脑海中排演我曾读过的或通过手语字母传达给我的上百部戏。

因此，在我虚构的重见光明的第二晚，戏剧文学中的那些伟大形象挤占了我的睡眠。

第三天

下一个清晨，我将再一次迎接黎明，急切地寻找新的喜悦，因为我相信，对于那些真正看得见的人，每一天的黎明永远都是又一个美的启示。

根据我想象的奇迹的时限，这将是我能看见的第三天，也是最后一天。我没有时间浪费在遗憾和渴望中，因为有太多的东西要看。第一天的时间贡献给了我有生命的和无生命的朋友。第二天我了解了人类和自然的历史。今天，我将在当下的工作的世界中度过，看看为生活奔忙的人们常去的地方。而哪里能找到像纽约一样有那么多人的活动和状况的地方呢？所以这个城市成了我的目的地。

我从我的家，长岛森林山一个小而安静的郊区出发。那里四周环绕着绿草、树木和鲜花，有整洁的小房子，到处是妇女儿童的欢声笑语，是进城辛苦工作的男人们放松休息的平静天堂。我驱车经过横跨东河的带状钢铁大桥，对人类大脑的强大力量和聪明才智有了崭新的认识，深感震惊。忙碌的船只在河中驶过，马达轰鸣——高速飞驰的小艇，还有慢悠悠吐着烟的拖船。如果未来还有很多光明的日子，我要用许多时光来欣赏这河中令人欢愉的景象。

我向前眺望，眼前渐渐出现鳞次栉比的高楼，纽约仿佛是一个从童话书里搬下来的城市。这些闪闪发光的尖顶，宽阔的石砌河岸，钢铁结构的建筑，就像诸神为他们自己修建的宫殿一般令人敬畏！这生机勃勃的画面是几百万人日常生活的一部分。不知道有多少人会多看它一眼？恐怕寥寥无几。他们对如此壮观的景色视若无睹，只因这一切太过熟悉。

我匆匆赶到其中一幢庞然大物——帝国大厦——的顶端，因为不久前就在那里，我通过秘书的眼睛"俯瞰"了下面这座城市。我急于把想象与现实做一对比，相信展现在我面前的纽约全景一定不会让我失望，因为对我来说，那是另一个世界的模样。

现在我开始周游这座城市。首先，我站在繁华的街角看着来往的人流，试图只靠观察去了解他们的生活。看到他们展露笑颜，我就开心；看到他们严肃果决，我感到骄傲；看到他们受苦，我充满同情。

我沿着第五大道漫步，边走边四下里张望，并不专注于特定的目标，只看那万花筒一样斑斓的色彩。我确信，川流不息的人群中女人们的彩色衣裙一定会是令我百看不厌的绝美景象。可是如果我能看得见的话，也许我会像大多数女人一样——对个别衣裙的式样和剪裁太过着迷，而忽略了总体上灿烂的色彩。我还可以肯定，我会是一个观察橱窗成癖的人，因为欣赏无数精美的陈列品一定是场视觉的盛宴。

从第五大道开始，我开始环城之旅——到公园大道去，到贫民窟去，到工厂去，到孩子们玩耍的公园去。我还要参观外国人居住区，人在纽约，放眼世界。不论是幸福还是悲惨，我统统将其纳入眼底，以便深入探究、进一步理解人们是如何工作和生活的。我的心里满是人与物的形象。我的眼睛不放过任何蛛丝马迹；它努力地看清、看透每一件事物。看到愉悦之事，我的心便充盈着快乐；看到悲惨之事，则心中充满感伤。对于后者，我不会闭上眼睛，因为它们也是生活的一部分。对它们闭上眼睛，就等于关闭了心灵和思想。

我有视觉的第三天行将结束。也许还有许多重要的事，值得我把所剩无几的时间投入进去。但恐怕最后一天的晚上，我还会再次前往剧院，看一场热闹滑稽的戏，好好领略一番人类灵魂里深藏的喜剧的弦外之音。

到了午夜，我摆脱失明的短暂日子就要结束了，永恒的黑夜将再次把我禁锢。在那短短的三天里，我自然看不完想看的一切。只有当黑暗再次降临到我身上，我才意识到我还有多少东西没来得及看。然而，我的心里满是精彩的回忆，让我几乎没有时间去懊悔。从此以后，我触摸到的每一件物品都将让我想起它那鲜亮的模样。

如果你得知自己即将失去光明，你为自己所做的规划也许与我对这三天的安排不尽相同。但我相信，假如你真的面临那样的厄运，你的目光将会投向那些你从未注意到的东西，将它们储存在记忆中，供自己在未来漫长的黑夜里回味。你会以从来没有过的方式利用你的眼睛，你所看到的每一件东西都是那么珍贵。你的眼睛会贪婪地盯住每一件出现在你视线里的物品。到这时，你才最终真正看到了，一个美丽的新世界将在你面前展开。

作为盲人的我可以给那些看得见的人一个提示——给那些要充分利用视觉天赋的人的一个忠告：善用你的眼睛，就像明天你将遭遇失明的厄运一样。同样的方法也适用于其他感官。聆听美妙的声音，鸟儿的歌唱，管弦乐队雄浑的旋律吧，就像明天你再也听不见一样。抚摸每一件你想要抚摸的物品吧，就像明天你会失去触觉一样。深嗅花儿的芬芳，品尝每一口佳肴吧，就像明天你再也闻不到、尝不出一样。充分利用每一种感官，通过自然赋予你的几种接触方式，享受这世界从各个方面向你展示的快乐与美好吧。不过，在所有感官中，我相信视觉一定是最让人心悦的。

图书在版编目（CIP）数据

假如给我三天光明：汉英对照 ／（美）海伦·凯勒
（Helen Keller）著；唐湘译. —南京：译林出版社，
2023.7
　　（双语经典）
　　书名原文：Three Days To See
　　ISBN 978-7-5447-9582-1

　　I.①假… II.①海… ②唐… III.①英语－汉语－
对照读物 ②凯勒（Keller, Helen 1880－1968）－自传
IV.①H319.4：K

中国国家版本馆 CIP 数据核字（2023）第 051277 号

假如给我三天光明　〔美国〕海伦·凯勒／著　唐　湘／译

责任编辑　赵丽娟
特约编辑　张艳华
装帧设计　鹏飞艺术
校　　对　刘文硕
责任印制　贺　伟

出版发行　译林出版社
地　　址　南京市湖南路 1 号 A 楼
邮　　箱　yilin@yilin.com
网　　址　www.yilin.com
市场热线　010-85376701
排　　版　鹏飞艺术
印　　刷　三河市中晟雅豪印务有限公司
开　　本　889 毫米 ×1194 毫米　1/32
印　　张　10.5
版　　次　2023 年 7 月第 1 版
印　　次　2023 年 7 月第 1 次印刷
书　　号　ISBN 978-7-5447-9582-1
定　　价　49.80元